暨南大学本科教材资助项目（“一带一路”与粤港澳大湾区特色教材资助项目）

2020年广东省本科高校教学质量与教学改革工程建设项目“汉语言专业特色专业”建设项目

暨南大学华文学院汉语系第二语言课堂项目

# 汉语阅读分级读物

## 中级篇

王意颖　编著

暨南大學出版社
JINAN UNIVERSITY PRESS
中国·广州

图书在版编目（CIP）数据

汉语阅读分级读物．中级篇/王意颖编著．—广州：暨南大学出版社，2022.11
ISBN 978-7-5668-3236-8

Ⅰ.①汉… Ⅱ.①王… Ⅲ.①汉语—阅读教学—对外汉语教学—教材 Ⅳ.①H195.4

中国版本图书馆CIP数据核字（2021）第202297号

汉语阅读分级读物（中级篇）
HANYU YUEDU FENJI DUWU（ZHONGJI PIAN）
编著者：王意颖

出 版 人：张晋升
策　　划：黄圣英
责任编辑：颜　彦　刘　蓓
责任校对：刘舜怡
责任印制：周一丹　郑玉婷

出版发行：暨南大学出版社（511443）
电　　话：总编室（8620）37332601
营销部（8620）37332680　37332681　37332682　37332683
传　　真：（8620）37332660（办公室）　37332684（营销部）
网　　址：http://www.jnupress.com
排　　版：广州市天河星辰文化发展部照排中心
印　　刷：广州市友盛彩印有限公司
开　　本：787mm×1092mm　1/16
印　　张：13.25
字　　数：151千
版　　次：2022年11月第1版
印　　次：2022年11月第1次
定　　价：53.80元

# 前　言

《汉语阅读分级读物（中级篇）》是针对汉语中级水平的外国留学生编写的阅读读物。让学习者在愉悦的汉语阅读中提高汉语阅读能力和技巧，提高汉语水平，了解中国的社会生活和文化。

1. 使用对象：学习者学习汉语时间一年至两年，汉语水平为《国际中文教育中文水平等级标准》（2021）中等四级水平，大致为新 HSK 3 级或 4 级。

2. 编写目标：进一步加强汉字认读能力，提高阅读能力和技巧，注重提高学生汉语阅读能力和培养良好的阅读习惯。通过科学合理、循序渐进的阅读训练来提高学习者的汉语整体水平。

3. 本书共分为 16 个单元，每个单元有 5 篇短文，全书共有 80 篇汉语短文，满足外国学习者课外的阅读需求。

4. 编者通过充分的调查，选取丰富的、贴近学习者实际生活和学习、反映中国社会和文化且符合留学生兴趣点的主题。

5. 文章体裁形式多样，包括记叙文、随笔、散文、简单的说明文、议论文和图表等。兼顾阅读技能的培养、词语学习和阅读理解的检查，本书在每篇文章后有目的地设计几道练习题。

此外，为方便阅读，本书随文注释生词，标注汉语拼音和英文注释，如“这里有很多受欢迎的景点（jǐngdiǎn，attraction）”。附录中的生词表标注生词难度等级。

本书严格控制词汇、语法和练习等的难度，参考《国际汉语教学通用课程大纲》，《汉语国际教育用音节汉字词汇等级划分》等标准，利用“汉语文本指南针”（2016）对所编写的材料进行量化的难度评估，使难度符合使用对象的阅读水平。每篇短文在300—500字，前后单元的文章难度循序渐进，适应学习者渐进的汉语水平。

本书具体分工如下：王意颖负责总体设计，全书的统阅、试用和修正，并编写词汇总表、补充练习等。暨南大学华文学院教师田建伟、刘薇参与文章的审阅和修正。本书文章主要为自主编写，小部分为改编，参与文章编写和改编的人员除以上三位教师外，还有：暨南大学华文学院2021届硕士黄月清（现广州市白云区龙湖小学教师）、赵翔（现深圳市福田区百花小学教师）、孔志文（现广州暨大港澳子弟学校教师）、魏诗雄（现广州开发区中学教师）、兰静（现珠海中山大学附属小学教师）、司馨元（现暨南大学华文学院辅导员）。

华文学院汉语言专业2019级、2020级本科一年级外国留学生参与了本书的试用，林慧妍（印尼）、高颖（法国）、杨钰连（印尼）、梁英杰（秘鲁）等在试用期间提出很多具体意见，对本书的编写和完善帮助很大。徐霄鹰（原中山大学副教授）对本书提出建设性意见，暨南大学华文学院王衍军、金颖等对本书的编写和出版给予了很大的支持。在此我们一并表示真挚的感谢！

本书还存在不足与错漏，敬请读者批评指正！

# 目 录

Contents

# 第一单元

# 广州

广州，又叫花城、羊城。广州每个季节都有花，因此人们把广州叫作“花城”。那为什么广州又叫“羊城”呢？

以前人们很穷，没有钱买东西吃，常常饿肚子。有五个神仙（shénxiān，immortal），他们骑着羊来到广州，给人们带来了米。从那以后，人们就不用再饿肚子了。人们认为五羊代表着幸运，于是便把广州叫“羊城”。

广州是一个大城市，气候很好，每年来广州旅游的人很多。这里有很多受欢迎的景点（jǐngdiǎn，attraction）。“羊城新八景”是由大家一起选出来的八个景点，有广州塔、白云山等。这八个景点是广州的城市名片。

除了景点，广州的早茶文化也很有名。广州人喜欢喝早茶，他们经常和家人、朋友一起喝早茶，同时还会点很多好吃的点心，比如包子、虾饺等。节假日的时候，喝早茶的人特别多，所以要早点出门，不然（bùrán，otherwise）需要排队等很长时间。广州人经常会请朋友喝早茶，边喝茶边聊天是广州人的习惯。这对他们来说，是一件很幸福的事。

## ? 选择题

1. 广州又叫什么名字？

A. 牛城　　B. 山城　　C. 羊城

2. 为什么广州又叫“花城”？

A. 广州一年四季都有花

B. 广州人喜欢花

C. 广州没有花

3. 对广州人来说，“五羊”代表着什么？

A. 肉　　B. 坏事　　C. 幸运

4. 以下哪个不是“羊城新八景”？

A. 广州酒家　　B. 白云山　　C. 广州塔

5. 对广州人来说，什么是幸福的事？

A. 不用饿肚子了

B. 和家人、朋友一起喝早茶

C. 来广州旅游

# 我的家乡

我爱家乡，我爱家乡的山，我爱家乡的水，我爱家乡的花草和树木，也爱家乡发生的有趣的事情。

家乡的山是那么绿，那么美丽。山上的树就像为我们撑起了绿色的大伞（撑伞 chēngsǎn，hold the umbrella），好凉快啊！风一吹来，树叶发出“沙沙”的声音，鸟儿也唱起歌来，十分好听。

家乡的水是那么清，那么凉快。小河边种着竹子，几片竹叶落下来，就像蝴蝶（húdié，butterfly）在跳舞，掉在水里，鱼儿把它们当伞，小虫把它们当船。

小时候，我常常跟朋友们一起到小河里捉鱼，找漂亮的石头。虽然我们每次回家身上都很脏，但我们都非常高兴。

春天是个美丽的季节，我和小伙伴常常到树林里摘（zhāi，to pick）鲜花，捉蝴蝶。我们把摘来的花插到瓶子里，放在桌子上，十分好看。睡觉的时候我们可以闻着花香，做一个甜甜的美梦。

我的家乡很小，可是它非常温暖，非常宁静，因为那儿是我成长的地方，那儿有我欢乐的童年。

（来源：短文学，https：//www. duanwenxue. com/article/338030. html，有改动）

## ? 选择题

1．作者爱家乡的什么？

A．山　　B．水　　C．花草树木　　D．以上都是

2．家乡的小河边种着竹子，几片竹叶落下来，会发生什

么事情？

A. 竹叶像蜜蜂在跳舞　　B. 鱼儿把它们当虫子

C. 小虫把它们当船　　D. 以上都是

3. 小时候，作者常常跟朋友们一起到小河里做什么？

A. 捉鱼，找漂亮的石头　　B. 找小虫

C. 游泳　　D. 摘野花

4. 关于作者的家乡，以下哪个描述不正确？

A. 很大　　B. 非常宁静

C. 非常温暖　　D. 十分欢乐

# 齐白石

齐白石是中国一位有名的画家，他的花鸟画、山水画、人物画都很有名。

齐白石小时候在农村长大，家里很穷，他十几岁开始跟着祖父做木工，后来因为力气不大，改学雕花（diāohuā，to carve patterns or designs on woodwork）。他经过不断的努力学习，后来成了画家。他不但画画得好，而且刻印（kèyìn，to engrave seals）、书法、写诗也很擅长。

齐白石很关心生活，他的画和真正的生活分不开。他常常观察（guānchá，to observe）鸟、观察花、观察生活中的其他动物，注意它们的特点。因此，他画的猫、鸡、牛、马、蜻

蜓，跟真的一样。看齐白石的画，你会有一种接近自然的感觉。

齐白石画的虾非常有名。他小时候住在河边，经常钓虾玩，青年时开始画虾，40 岁开始学名家的画，画了一幅又一幅。当他63 岁时，他的虾已经画得跟真的差不多了，但是不够“活”。所以他在家中的大碗里养了几只长臂虾，放在书桌上，每天观察，每天练习。80 岁以后，他画的虾已经跟活的一样了，很有生命力，很有动感（dònggǎn，dynamic）。

## 选择题

1. 齐白石不太擅长哪个方面？

A. 写诗　　B. 书法

C. 刻印　　D. 木工

2. 齐白石的画画得好是因为什么？

A. 观察生活，努力练习

B. 养了真的虾

C. 有接近自然的感觉

D. 力气不大，改学雕花，再成为画家

3. “蜻蜓”是一种什么动物？

A. 鸟　　B. 昆虫

C. 鱼　　D. 马

4. 齐白石什么时候画的虾最好？

A. 40 岁　　B. 80 岁以后

C. 63 岁　　D. 青年时

## ? 问答题

齐白石是怎么练习画虾的？

# 请小声买单

我以前在泰国工作过一段时间。我的同事中有一位美国人，很友好，也很善良，我们两个人很快就成了好朋友，总是一起出去玩，一起吃饭。他在泰国的时间比我长，所以他比我更了解泰国的文化。和他做朋友，我学到了很多。

有一天，我们两个人下班后决定去当地的市场尝试一些新的、以前没有吃过的东西。我们来到一家很热闹的小餐馆。点了食物以后，我们就开始一边吃，一边聊天。吃饱了以后我们就准备买单。因为朋友的泰语比较好，所以之前几次吃饭的时候，都是他买单。这一次，我想试一试自己的泰语水平，于是告诉朋友这次我来买单，朋友答应了，又教了我一次用泰语怎么说“买单”。我很自信，觉得自己肯定可以成功。然后我回头用泰语对着餐馆的老板大喊了一声“买单”。突然，坐在旁边吃饭的泰国人都停下来看着我们，停了一会儿后又继续吃饭。这个时候气氛很尴尬。朋友忍不住笑出了声，他说，买单不要很大声，没有泰国人会大声地说“买单”，只要举手让老板看到就可以了。我这才知道，因为我没有仔细地去了解泰国人的社交礼仪（lǐyí，etiquette），才闹出了这么一个大笑话。（闹笑话，nào xiàohua，make a joke）

因为这次的教训（jiàoxùn，lesson），我开始认真地学习泰国人的礼仪，再也没犯过错（犯错 fàncuò，make a mistake）了！

## 问答题

1. 为什么“我”之前和朋友吃饭，都是朋友负责买单？
2. “我”说了“买单”之后，为什么气氛变得很尴尬？
3. “我”闹笑话的原因是什么？

# 回家过春节

春节作为中国传统节日之一，从古至今一直受到中国人的重视，可以说是中国人心中最重要的节日了。春节是很讲究家人团圆的。不管在哪里工作，不管工作多忙，很多人都希望春节回到家乡和自己的家人一起度过。

春节前一天的晚上，也就是除夕，我和家人会坐在一起吃年夜饭，也就是团圆饭。在这一天爸妈会亲手做一大桌饭菜。每一年的团圆饭都有鱼，年年有鱼代表“年年有余”，意思是每年都过得很好，到过年的时候财富还有很多剩余（shèngyú，surplus）。等吃过团圆饭，就到了我从小最喜欢的时刻（shíkè，moment）——发压岁钱（yāsuìqián，New Year's Money）。小的时候听大人们说压岁钱是大人给小孩的，是为了压（yā，press）住不好的东西，让小孩平安健康地长大。现在压岁钱不再只是由大人发给小孩了。我已经长大了，今年过年就开始由我给爸妈发压岁钱，这份压岁钱代表着我对爸妈的感谢和对他们的节日祝福。很多像我一样已经工作的人都不再要爸妈的压岁钱了，反而是给自己的爸妈和家人压岁钱，希望压岁钱带给他们健康长寿。

当然，中国人的春节也离不开“春节联欢晚会”（简称“春晚”），今年也和以前一样，我陪着爸妈坐在电视机前，一边聊生活、工作上的事情，一边观看“春晚”，在和家人一起的时间里，感受春节的快乐。



## 判断题

1. 根据短文我们知道，春节是一个团圆的节日。(　　)

2. 根据短文我们知道，只有小部分人希望和家人一起过春节。(　　)

3. 根据短文我们知道，在“我”家每一年的年夜饭都有鱼。(　　)

4. 根据短文我们知道，在“我”家压岁钱只能是由大人给小孩的。(　　)

## 选择题

根据短文，“春晚”最有可能是什么？

A. 电视节目

B. 春节的夜晚

C. 一种叫“春晚”的游戏

D. 一份叫“春晚”的工作

# 第二单元

# 苏东坡与东坡肉

说到苏东坡，你可能会想起他的诗句："明月几时有？把酒问青天。"其实他不仅是中国历史上有名的诗人，也是有名的美食家。

他喜欢去各个地方寻找美食，吃过之后写下自己的感受，因此有很多菜的名字跟他有关。以他的名字命名（mìngmíng，to name）的菜受到很多人的喜爱，比如"东坡肉"。东坡肉用猪肉做成，一块一块的，颜色好看，吃起来也很美味。据说，他在黄州的时候特别喜欢吃猪肉，慢慢地他想出了一种特别的制作方法。后来他去杭州做官，人们都很喜欢他。过节时，当地的人送给他很多猪肉，他就把猪肉切成大块，加入一些调料（tiáoliào，dressing），制作成美味的红烧肉，最后把做好的肉分给所有人，这就是我们今天说的"东坡肉"。苏轼因此更加受到人们的爱戴（àidài，love and esteem）。

他做的所有食物有一个共同的特点，那就是使用的材料都不是很贵，做法也都不是很难。有的食物还会有专门的文字记录，这也是很有意思的。可以说，他是一个非常有学问（xuéwen，knowledge）、有生活趣味（qùwèi，interest）的人。

## 判断题

1. 苏东坡会写诗，也是个美食家。（　　）

2. 苏东坡去各个地方找美食，找到了“东坡肉”。（　　）

3. “东坡肉”是苏东坡在杭州学会做的。（　　）

4. 在杭州，当地人很喜欢苏东坡，就把做好的红烧肉送给他。（　　）

5. 苏东坡做的所有食物都很贵，做法不是很难。（　　）

# 去城墙玩吧！

对我们留学生来说，到中国来学习汉语，了解中国的古老历史和文化，一个非常好的方法就是去中国各地旅游、参观。你去过西安吗？看过古老的城墙吗？

西安的城墙有1 400多年的历史了，我们现在看到的城墙是600多年前的砖（zhuān，brick）一块一块堆成的，没有钢筋、水泥（shuǐní，cement）。城墙高12米，宽15～18米。城墙有四个门，其中南门（永宁门）是历史最悠久、建造时间最长的门。西门又叫安定门，东门又叫长乐门，北门又叫安远门。

去城墙旅游，最好的时间是九月。每年的九月正是北方的秋天，不热也不冷，天气比较好，而且每年九月的西安城墙国际马拉松比赛也很好玩，吸引（xīyǐn，to attract）了全国各地的人参加。比赛输赢不重要，玩得开心才是最重要的。你也可以在城墙上骑自行车，感受轻轻吹来的风，慢慢感受这座古老的城市，真的很舒服。城墙下面是护城河，每天早上，在护城河边跑步锻炼的人很多。

那么去西安旅游贵不贵呢？其实也没有多贵，西安是北方城市，花费比广州要少一些。你可以花不多的钱，看到很多景点。因为西安不只有城墙，还有钟楼、华清池、秦始皇兵马俑、华山等很多有名的景点。

## ? 选择题

1. 西安城墙的哪个门历史最长？

A. 东门　　B. 西门

C. 南门　　D. 北门

2. 去西安城墙旅游最好的时间是哪个季节？

A. 春季　　B. 夏季

C. 秋季　　D. 冬季

3. 去西安旅游贵吗？

A. 只用花很少的钱，但看不到很多景点

B. 花费比广州要少一些

C. 很贵

D. 能看很多景点，但要花很多的钱

## 问答题

九月去西安的城墙，有什么好玩的？

# 幸福是什么？

有一位企业家（qǐyèjiā，entrepreneur）带着儿子到一家餐馆吃饭，餐馆里有一位钢琴师正在演奏，企业家说："以前我也练过琴，但后来选择了做生意，如果当初选择了练琴，那么今天我就可以坐在钢琴边为大家演奏了。"儿子却说："爸爸，如果你以前选择了练琴，那么你今天就没有机会坐在这里欣赏音乐了。"不知道那位钢琴师心里会不会这样想：他当初如果选择做生意，现在就可以舒服地坐在餐馆的桌前一边享受（xiǎngshòu，to enjoy）美食一边听音乐了。

幸福是什么？这真是一个很难回答的问题。对于正在生病的人来说，可能身体健康才是幸福；对于失恋的人来说，可能重新找回爱情才是幸福；对于希望成功的人来说，可能事业成功才是幸福。

幸福到底在哪里？普希金说，幸福的特点就是内心的平静。怎样才会内心平静？其实就是满足自己内心的需要。用心去感受，你会发现其实自己很幸福。

（来源：读书人 365，http：//www.readers365.com/huatizuowen/01/02.htm#4，有改动）

## 判断题

1．企业家的儿子以前也练过琴。（　　）

2．钢琴师也真的希望舒服地坐在餐馆的桌前一边享受美食一边听音乐。（　　）

3．失恋的人希望重新找回爱情。（　　）

4．对于正在生病的人来说，事业成功才是幸福。（　　）

5．满足自己内心的需要，就会发现自己很幸福。（　　）

# 中国旅游业为什么越来越火？

一到节假日，中国的景点就有非常多的游客。人们不仅喜欢在国内游，还喜欢出国游。为什么现在中国的旅游业发展得这么火呢？

首先是国家的支持。一方面，国家支持并鼓励（gǔlì，to

encourage）“绿色经济”的发展。发展“绿色旅游”是“绿色经济”的一部分。在中国，还有一些地方经济相对落后，但是那里的环境、空气都很好，适合发展旅游业。另一方面，国家制定了“带薪休假”的政策（制定政策 zhìdìng zhèngcè，make policy），如果在假期，你不去上班也一样可以领工资。而且，因为有国庆节这样长的假期，人们有时间出远门。可见，国家的政策对旅游业的发展有很大的影响。

其次是人们想法的改变。以前人们的生活水平不高，很多人只能吃饱肚子，没有钱出去旅游。但是现在中国的经济发展很快，人们的生活有了很大改变。大家开始懂得享受生活，提高自己的生活质量。所以，越来越多的人想去旅游，去看看这个精彩的世界。

最后是国家经济和科技的发展。高铁的发展，不但能缩短（suōduǎn，to shorten）人们在路上的时间，还能为人们省不少钱。而且各种旅游 App 的出现，大大地方便了人们的出行，也能帮人们更好地制订旅行计划。

## ? 选择题

1. 中国旅游业越来越火，其中的“火”是什么意思？

A. 着火了　　B. 受欢迎　　C. 生气

2. 为什么有的地方适合发展旅游业？

A. 空气、风景好

B. 国家支持

C. 比较贫困

3. “带薪休假”是什么意思？

A. 不工作也有工资

B. 工作才有工资

C. 在假期，不工作也有工资

4. 如今人们的想法变得怎么样？

A. 富裕了

B. 懂得享受生活了

C. 想要花很多钱

5. 高铁的出现，带来了什么好处？

A. 方便

B. 要花很多钱

C. 既方便又省钱

## 来自“外星”的另一半

我和女朋友恋爱一年了，这一年来，我最大的快乐和最大的烦恼都来自她。有时候，我觉得她应该是一个“外星”人，要不然为什么有时候我完全不能理解她呢？

因为工作很忙，平时两个人约会的时间并不多，所以今天我们很开心终于可以一起去逛街了。早上我们去喝了早茶，然后我就开始陪她逛商场。逛了两个多小时，女朋友问我："你饿了吗？要吃午饭吗？"因为早餐吃得很多，所以我回答还不饿，她说了一句"那好吧"，就又继续逛。在一家服装店里，女朋友看到一条裙子，她看了看，把裙子放在自己面前比了一下，问我："这条裙子好看吗？"我看了一会儿，感觉裙子没有什么特别的，于是回答道："还行，但是没有什么特别的感觉。"女朋友什么也没说，就把裙子放了回去，但是我感觉她有点不开心。中午十二点多，我们决定去吃午饭，女朋友问："想吃寿司吗？七楼有一家寿司店还不错哦！"我想了想，觉得寿司太清淡了，就回答说："吃点重口味的吧，三楼的川菜好像很好吃！"女朋友的笑容一下子消失了，说："随便吧，你喜欢就好！"

到了下午五点左右，我们看完电影《碟中谍6：全面瓦解》（*Mission：Impossible-Fallout*），女朋友还有想买的东西。我感觉有些累了，所以每逛到一家店，我总是先找到坐的地方休息一下。女朋友看到我这样子，终于忍不住爆发了，说："你每次都这个样子，跟你逛街真没意思，要是累了你就先回去吧，不用管我了！"我知道她生气了，但是不明白为什么，我今天一天都在陪她呀，只不过现在有点累了，想坐下来休息一会儿，怎么就不可以呢？

这次逛完街，她几天都没理我。我想，我应该是真的做错了什么吧，但是我又做错了什么呢？

## 判断题

1. “我”的女朋友是一个外星人，不是地球人。(　　)

2. 女朋友最后不理“我”了，是因为她逛街逛累了。(　　)

## 问答题

1. 当女朋友问“你饿了吗？要吃午饭吗？”“这条裙子好看吗？”以及“想吃寿司吗？七楼有一家寿司店还不错哦！”时，她其实想说什么？

2. 从文章来看，你觉得男生和女生在谈恋爱的时候，主要的问题是什么？

3. 你还能说出男生和女生在想法和观念上的其他不同吗？

# 第三单元

# 莱特兄弟的飞翔之梦

一百多年前，一位贫穷的牧羊人带着两个儿子为别人放羊。

有一天，他们赶着羊来到山上，一群大雁在他们头顶上飞过，并且快速地消失（xiāoshī，to disappear）了。大儿子问父亲："大雁要往哪里飞？"父亲说："它们要去温暖的地方生活，度过寒冷的冬天。"大儿子眨着眼睛羡慕（xiànmù，enviously）地说："要是我也能像大雁那样飞起来就好了。"小儿子也说："要是能做会飞的大雁该多好！"

爸爸想了一会儿，然后对他们说："只要你们想，你们也能飞。"两个儿子试了试，都没能飞起来，他们不相信地看着父亲。牧羊人说："让我来试试。"他张开手，但也没能飞起来。可是，他坚定（jiāndìng，firmly）地说："我因为年纪大了才不能飞，你们还小，只要不断努力，将来就一定能飞上天空，去想去的地方。"

他们记住了父亲的话，并一直努力着，等他们长大——哥哥36岁、弟弟32岁的时候，他们果然飞上了天空，因为他们发明（fāmíng，to invent）了飞机。这两个人就是美国的莱特兄弟。

## ? 选择题

1. 这位父亲和他的孩子们以什么为生？

A. 放羊　　B. 放牛

C. 打猎　　D. 设计飞机

2. 有一天，他们在山上看到一群什么动物飞过？

A. 小鸟　　B. 大雁

C. 天鹅　　D. 燕子

3. 莱特兄弟的飞翔之梦说明了什么道理？

A. 要有梦想，并不断努力

B. 要认真学习，好好读书

C. 要善于观察，从自然中获得方法

D. 要爱护动物，与动物友好相处

# 一碗油

从前，有个厨师让一个工人去买油。出发前，厨师交给他一个大碗，并且很凶（xiōng，fiercely）地跟他说："你一定要小心，绝对不可以把油洒出来。"

工人答应后出门了，买完油回去的路上，他想到厨师可怕的表情和严厉的话语，越想越觉得紧张，害怕把油不小心洒了出来。工人非常小心地端（duān，to hold）着装满油的大碗，慢慢地走在路上，一点儿也不敢东张西望。

不幸的是，他快到厨房门口时，踩到了一块石头，洒掉了一部分油。工人十分害怕，越来越紧张，手都开始不听话了，来到厨房时，碗中的油只剩一半了。

厨师非常生气，指着工人，把他狠狠地（hěnhěnde，severely）骂了一顿。

另外一位老厨师听到了，微笑着对工人说："你再去帮我买一次油。这次你在回来的路上，多看看周围的人和风景，回来告诉我你看到了些什么。"

工人又出发了，回来的路上，工人听老厨师的话，多看看周围，发现其实路上的风景十分美丽。他就这样一边走一边看，觉得很开心，不一会儿就回来了。当工人把油交给老厨师时，发现碗里的油装得满满的，一点都没有洒。

（来源：读书人365，http://www.readers365.com/huati-zuowen/01/08.htm#1，有改动）

## 问答题

1. 为什么工人第一次买油只剩下一半？
2. 为什么工人第二次买油一点都没有洒？
3. 从这个故事中，你明白了什么道理？

# 新四大发明

中国古代的四大发明，不仅让中国人十分骄傲，也受到全世界的称赞（chēngzàn，compliment）。现在人们所说的“新四大发明”，是2017年开始在网络上出现的流行词。

2017年5月，北京外国语大学丝绸之路研究院发起了一次留学生民间调查。来自“一带一路”沿线的20国青年选出了中国的“新四大发明”：高铁、移动支付、共享单车和网购。事实上这四项并非由中国发明，只是在中国应用广泛，影响较大。

“新四大发明”之首是高铁。高铁提高了人们的出行速度，减少了人们出行需要的时间。现在中国高铁不仅是世界上最快的铁路系统（xìtǒng，system），而且总里程最长，让世界惊叹（jīngtàn，to marvel）不已。

第二大新发明是移动支付。以前人们出门需要带上钱包，现在带上手机就可以付款了。不管是购物、吃饭，还是商业活动，只要用手机一扫，交易就经松完成。现在许多国家也使用移动支付了，十分方便。

第三大新发明是共享单车。它已经成为流行的交通方式，改变了人们的生活。在中国许多城市，甚至在英国、美国等国家的街头（jiētóu，street），我们都可以看到中国共享单车的身影。

第四大新发明是网购。网购现在已成为人们重要的购物方式之一。购物网站的商品种类齐全（qíquán，complete），人们选择喜欢的商品后，只需要在手机或者电脑上轻轻一点，商品就可以在几天内送到家中。

（来源：百度百科，https：//baike. baidu. com/item/%E6%96%B0%E5%9B%9B%E5%A4%A7%E5%8F%91%E6%98%8E/1549722？fr = aladdin，有改动）

## 选择题

1. 下面哪个不是中国的“新四大发明”？

A. 高铁　　B. 指南针

C. 移动支付　　D. 网购

2. 第一大新发明是什么？

A. 高铁　　B. 网购

C. 移动支付　　D. 以上都是

3. 现在在中国，带上什么就能轻松付款？

A. 手机　　B. 钱包

C. 共享单车　　D. 电脑

4. 下面哪个不是网购的优点？

A. 种类齐全　　B. 方便简单

C. 送货很快　　D. 看得见摸不着

# 打败年兽

中国古时候有一种叫“年”的怪兽（guàishòu，monster）。它住在海里，只有除夕（chúxī，New Year's Eve）这一天才会来到地上，吃猪、羊一类的动物。人们都很害怕，但是没什么办法能把它赶走。每一年到了除夕这一天，人们只好躲到山林里，希望有人能来帮帮他们，赶走年兽。

这一年和以前一样，人们都跑到山林里去了。有一位老奶奶因为走得很慢，所以还在村子里。这时出现了一个满头白发的老人，他对老奶奶说自己已经饿了好几天了，想要一点吃的，于是老奶奶给了他一些食物。吃饱了以后，老奶奶跟他说，快点儿离开吧，等一下年兽就要来了。白发老人说他可以帮助老奶奶打败年兽。他让老奶奶在门口贴上红纸，拿出红布披在身上。晚上年兽出现了，它看到门口的红纸、人身上的红布，就不敢做坏事了。这时白发老人拿出准备好的鞭炮（biānpào，firecracker），点燃（diǎnrán，to light）以后放在门口，年兽竟然吓得逃走了。

人们知道以后感到很惊喜，就想一起去感谢老人，但是谁也没有找到他。这时人们才知道那个人是来帮他们赶走年兽的神仙。之后，人们每年都贴红色的对联、穿红衣服、放鞭炮，平平安安地“过年”。

## 填空题

1. 年兽住在______________。

2. 年兽在______________才会来到地上，吃猪、羊一类的动物。

## 问答题

1. 要怎么做才能赶走年兽？

2. 现在人们是怎么"过年"的？

# 谁才是我的姑奶奶

和英语中简单的 uncle、aunt 和 cousin 相比，汉语中似乎（sìhū，seem）多了很多"亲戚"（qīnqi，relative）。姑姑、阿姨分不清，表弟、堂弟弄糊涂（hútu，confused）的情况总是发生。而且，中国人有时候会说"你饶了我（ráo le wǒ，give me a break）吧，我的姑奶奶！"这个姑奶奶又到底是谁呢？那么，让我们一起来"认识"一下我们的这些亲人吧！

对长辈们的称呼（chēnghu，kinship terms），爸爸一方和妈妈一方的亲人是不同的。先看妈妈这一方，妈妈的姐姐是姨妈，妈妈的妹妹是阿姨，而妈妈最小的妹妹，就是小姨了。妈妈的哥哥或者弟弟，都可以叫舅舅。妈妈的爸爸和妈妈就是外公和外婆了，在中国北方习惯叫姥爷和姥姥。那么，姥姥的姐姐和妹妹就是姨姥姥，姥姥的哥哥和弟弟就是舅姥爷了。

说了妈妈这一方的亲人，我们再认识一下爸爸这一方的亲人吧。在平时的生活中，我们习惯把男性的长辈叫叔叔。但是在亲人中，只有爸爸的弟弟才是叔叔，爸爸的哥哥是伯伯。爸爸的姐姐或者妹妹就是姑姑。有时候，为了区分年龄的大小，会把爸爸的姐姐叫姑妈，而把爸爸的妹妹叫姑姑。爸爸的爸爸和妈妈，分别是爷爷和奶奶。奶奶的姐妹就是姨奶奶，奶奶的兄弟就是舅爷爷，而爷爷的姐妹，就是姑奶奶了。

对于同辈人来说，情况就简单多了，除了叔叔和伯伯的孩子是堂兄弟姐妹以外，其余的就都是表兄弟姐妹了。

现在，人们对亲戚的称呼也越来越简单了。一方面是因为中国在对外开放的过程中称呼不断简化；另一方面是受到中国政策的影响，亲人的数量也减少了。即使你听到有人叫“我的姑奶奶”，那也不一定是真的姑奶奶。

## 选择题

1. 妈妈的妹妹叫什么？

A. 姨妈　　B. 阿姨

C. 小姨　　D. 表妹

2. 舅姥爷是谁?

A. 爸爸的堂哥　　B. 妈妈的爸爸

C. 姥姥的兄弟　　D. 奶奶的兄弟

3. 姑妈是谁?

A. 爸爸的妹妹　　B. 妈妈的姐姐

C. 妈妈的妹妹　　D. 爸爸的姐姐

4. 爷爷的姐妹是谁?

A. 姑奶奶　　B. 姨奶奶

C. 姑妈　　D. 姑姑

# 第四单元

# 旅游必备手机 App

随着交通和信息技术的发展，在中国，自助游变得越来越流行。那么出门旅游，有哪些 App 是必备的呢？我们一起来了解一下吧。

（1）飞猪。这款 App 非常值得推荐，因为它有很多功能。你不仅可以订酒店、机票和高铁票等，还可以看旅游计划。这款 App 上有很多出行计划，一部分是旅行社的介绍，也有一部分是游客自己的分享。你可以根据自己的需要来安排行程（xíngchéng，itinerary）。

（2）百度地图。到了陌生的地方，百度地图是不可缺少的。如果你不知道怎么去目的地，可以用百度地图来搜索（sōusuǒ，to search），然后跟着导航（dǎoháng，navigation）走就可以了。现在的地图比较准确，使用起来很方便。

（3）大众点评。很多人的手机里都有这款 App。在这款 App 里，不但有门票信息，还有当地的美食介绍。如果不知道吃什么，你可以根据美食排行榜（páihángbǎng，leaderboard）进行选择。重要的是，这款 App 里经常有优惠（yōuhuì，discount）。你可以选择购买套餐或者券（quàn，coupon），这样买门票和吃饭可以节省一部分钱。

以上三款 App 都是我在旅行中必用的，你在旅行中会用到什么 App 呢？

## 选择题

1. 为什么现在在中国自助游变得越来越流行？

A. 人们有钱

B. 人们有时间

C. 交通和信息技术很发达

2. 下列哪一项不是飞猪 App 的功能？

A. 订票　　B. 订外卖　　C. 看旅行计划

3. 当你迷路的时候，使用哪一款 App 会比较方便？

A. 飞猪　　B. 百度地图　　C. 大众点评

4. 在大众点评 App 上，你不能做什么？

A. 买门票　　B. 看美食介绍　　C. 看旅游计划

5. 下列哪一项说法是正确的？

A. 飞猪只能分享旅游计划

B. 百度地图不准确

C. 使用大众点评有时候很实惠

# 梦想与成长

还记得自己童年的梦想吗?

小时候认为科学家什么都知道，就想长大后做一名科学家；小时候看宇航员（yǔhángyuán，astronaut）可以坐着飞船去太空，在太空里可以看到美丽的地球，就想长大后成为一名宇航员；小时候觉得画家可以把看到的任何东西都画出来，就想长大后成为一名画家……小时候大家都有自己的梦想，这些梦想一直陪着我们走过美好的童年。

可是长大后才发现，小时候的梦想并不能全部实现。当初想成为科学家的人，现在也许是一名教师；原来想去太空的人，现在可能是一名火车司机；小时候想成为画家的人，长大后却做了一名警察……长大后，我们慢慢地明白有些梦想可能一辈子都没有办法实现。不是每个人都能成为科学家、宇航员或者画家。

小时候的我们是那么大胆（dàdǎn，bold），那么天真（tiānzhēn，artless），长大后的我们学会了认识身边的世界，认识自己的能力，知道了自己能做什么，不能做什么。

这就是成长！

## 判断题

1. 大家小时候都有自己的梦想。(　　)
2. 小时候想当科学家的人，长大后也可能成为警察。(　　)
3. 小时候的梦想一定不能实现。(　　)

## 选择题

小时候的梦想的特点不包括哪一项？

A. 不实际　　B. 很聪明

C. 大胆　　D. 天真

# 巴金的爱情

从古至今，人们通过各种各样的方式来表达自己的情感，例如文字、语音，甚至视频。下面是一个通过文字产生爱情的故事。故事的主人公就是著名的作家巴金先生。

1931 年，巴金先生在上海的《时报》上开始连载小说《家》，到 1933 年 5 月，整本小说出版（chūbǎn，to publish）。因为这本书，他成了很多年轻人心中的偶像（ǒuxiàng，idol）。同时，追求他的女生也很多，其中有一个女高中生给他写了很多信。他们通信半年多，但是从未见过面。最后女生在信中提出，既然两个人聊得这么好，为什么不能见面谈一谈呢？女生还主动寄了一张自己的照片给巴金，并与巴金约定在一家餐厅见面。那次见面以后，两个人就相爱了。经过八年的爱情长跑，巴金与这个女生结婚了。两人的婚礼非常简朴，没有任何仪式，也没有设宴请亲朋好友吃饭。这个女生就是萧珊，她是第一个，也是唯一一个让巴金动心的女子。他们两个人始终相伴相守。在生活最困难的时候，他们也没有放开紧握的手。萧珊去世之后，巴金将妻子的骨灰放在自己的卧室里，直到 2005 年去世。

文字连接了他们的心，让他们相识、相知、相守。其实不只是他们，还有千千万万的人被文字吸引，因文字产生了奇妙（qímiào，wonderful）的缘分。

## 填空题

1. 从古至今，人们可以通过__________、__________、__________等进行联系。

2. 巴金和他的妻子是用__________联系的。

3. 两人的婚礼非常__________，没有任何__________，也没有__________请亲朋好友吃饭。

## 问答题

根据上下文猜测"相爱""相知""相伴""相守"这些词语的意思。

# 真正的时尚

时尚一直是当下的热门话题，人们对于时尚的追求从来没有改变过，真正的时尚应该是美丽的，并且有更深的意义。

古代有丝绸之路，所以中国的商品被送到了欧洲。欧洲人非常喜欢这些来自中国的商品，人们使用中国的瓷器（cíqì，porcelain）、香料（xiāngliào，spice）等，与中国有关的东西在欧洲成了时尚。其中最有名的东西就是丝绸了，它的价格比黄金还贵。当时的欧洲人把丝绸当作十分珍贵的宝贝，认为它代表着很高的地位。这样的时尚展示（zhǎnshì，to show）了东方和西方经济水平的不同，说明当时中国古代社会已经有了较高的生产技术，它让社会进步，让社会发展得更好，是真正的时尚。

这样的时尚的代表还有香奈儿（Chanel）。她是一位法国女士，她打破人们的认知，在巴黎卖各种漂亮的帽子，很多人都知道她。不仅如此，她还设计了一条简单的裙子，这条裙子和当时的衣服完全不一样，人们都觉得很新奇。她还指出女性应该大胆做自己，不要在乎别人的想法。后来，她又推出了名牌香水——香奈儿香水。她对时尚的理解打破了传统，重视人自身的美丽，使香奈儿香水成了时尚的经典（jīngdiǎn，classics）。

真正的时尚能带给人简单而美好的快乐，能够让人从心里认可（rènkě，to approve）它，并带给人精神力量。追求这样的时尚，我们才能成为真正的时尚达人。

（来源：百度文库，https：//wenku. baidu. com/view/a9453b29b1717fd5360cba1aa8114431b80d8e15. html？from = search，有改动）

## 判断题

1. 通过丝绸之路运到欧洲的丝绸价格不便宜。（　　）
2. 中国人不喜欢使用瓷器和香料。（　　）
3. 香奈儿设计了非常特别的帽子和裙子。（　　）
4. 香奈儿香水成了时尚的经典。（　　）
5. 真正的时尚可以给人带来快乐，但是不能带来金钱。（　　）

# 愉快的周末

从周一到周五，我每天都有很多课，所以觉得很累。终于到了周末，我开心极了！这个周末，我和朋友们打算一起出去玩。

星期六早上，我们一起去看电影。最近有太多好看的电影，我们不知道要看哪一部。最后，大家以猜拳来决定看哪一部电影。如果男生赢了，我们就一起看男生喜欢的《狮子王》，输了就看女生喜欢的《千与千寻》。虽然最后男生赢了，可他们还是决定和女生一起去看《千与千寻》。

电影院在四楼，而 KTV 就在二楼，电影结束以后，我们就一起去唱歌了。这家 KTV 唱歌很便宜，而且有很多歌曲可以选择。我们四个人轮流唱自己喜欢的歌。快乐的时光总是过得很快。晚饭后，我们去珠江边散步。珠江边的灯光非常漂亮，我们在那里拍了很多照片。

第二天，我们四个人去陶瓷馆学习怎么做陶瓷（táocí，ceramics）。我们到那里时已经有很多人在学习了。老师让我们先了解一下有关陶瓷的知识，然后再学习怎样做陶瓷。我们把泥巴放到转盘上，用手轻轻捏出形状，虽然我们做的陶瓷不好看，可这一次的体验（tǐyàn，experience）实在是太棒了。我们也体会（tǐhuì，to experience）到了做陶瓷的不容易。

这个周末过得太充实了，虽然有点累，但是也有不少收获。下个周末让我们再约起来吧！



## 选择题

1. “我”觉得周末怎么样？

A. 很累　　B. 很充实　　C. 课太多了

2. “我们”为什么要猜拳？

A. 想看的电影不一样

B. 喜欢这个游戏

C. 太无聊了

3. 看完电影后，“我们”去做了什么？

A. 玩游戏　　B. 散步　　C. 唱歌

4. 关于陶瓷，下列哪个说法是正确的？

A. “我”做的陶瓷很漂亮

B. 做陶瓷不容易，但是这次体验很有意思

C. 陶瓷是老师做的

# 第五单元

# 亡羊补牢

从前，有一个人养了三十只羊。一天早上，他突然发现少了一只羊，就想："这只羊跑到哪儿去了呢？"再一查看，原来是他的羊圈（yángjuàn，sheepfold）坏了。夜里肯定是狼跑进了羊圈，羊是被狼吃掉的。

他的朋友知道之后就建议他快把羊圈修一下。他嘲笑（cháoxiào，to laugh at）朋友说："羊已经被狼吃了，修理羊圈还有什么用呢？"他没有听取朋友的意见。

第二天早上，他发现又丢了一只羊。这时候，他才明白，朋友的意见是对的。修好羊圈是为了减少损失（sǔnshī，loss），不让更多的羊丢失。于是，他马上把羊圈修好了。从此，他的羊再也没有丢过。

## 判断题

1. 这个人在羊丢了之后马上听朋友的建议修补了羊圈。（　　）

2. 这个人一开始就觉得朋友的话很有道理。（　　）

3. 在第二只羊丢了之后，他才明白朋友为什么让他修补羊圈。（　　）

## 问答题

请谈谈你对这个故事的看法。

# 你吃了吗？

英国人见面总是会聊聊天气，因为英国经常下雨，所以天气是人们经常讨论的话题。而美国人见面一般会说说球赛、音乐或者旅游，因为美国是一个有很多不同文化的国家，人们往往比较关注自己的生活状况（zhuàngkuàng，condition）。那么，为什么中国人见面喜欢说"你吃了吗"呢？

首先，在中国人的生活中，吃饭是非常重要的一部分，一天三顿饭是每天最基本的生活需求（xūqiú，need）。中国人说"早上要吃好，中午要吃饱，晚上要吃少"，这是很多中国人的饮食习惯。"早上要吃好"是因为早上是一天的开始，好的早饭代表了好的新一天的开始；"中午要吃饱"是因为人们白天辛苦工作，中午的这一餐关系到一整天工作的效率，吃饱了才有力气做事；"晚上要吃少"则是因为人在晚上的时候休息，不运动了，吃太多的话，身体难以吸收（xīshōu，to absorb)，反而不健康了。

其次，为什么吃饭对于中国人来说如此重要呢？这是因为中国以前是一个农业国家，也是世界上人口较多的国家，但是中国可以用来种粮食的土地并不充足。如果遇到洪水、干旱或者战争，人们就会因为缺少粮食而挨饿（ái'è，to starve），这样的情况在以前经常发生，吃饱饭对于普通人来说，就是最美好的愿望。所以，中国人问“你吃了吗”，不仅是问你有没有吃饭，同时也是对你表达关心，希望你能衣食无忧。

总而言之，当下次有人问“你吃了吗”时，你只需要回答“吃了，你（您）呢？”

## ? 判断题

1. 英国人见面总是谈论天气是因为英国经常下雨。（　　）

2. “晚上要吃少”的原因是没有足够的食物，要留到第二天吃。（　　）

3. 中国人见面打招呼问“你吃了吗”，是因为自己没有吃的。（　　）

4. 如果中国人跟你打招呼说“你吃了吗”，你要回答自己吃了什么。（　　）

## 问答题

1. 为什么吃饭对于中国人来说很重要？
2. 你觉得第三段中的“衣食无忧”这个词是什么意思？

# 如果在中国上学

你有没有想过，如果在中国上学，你会经历哪些事情呢？

在3到6岁的时候，父母会把你送到幼儿园。

老师在学校会帮助你养成良好的生活习惯，例如午睡、吃饭之前要洗手等。

在一些幼儿园，老师可能还会教一些非常简单的知识，例如如何拼读拼音、如何书写数字等。

等你满了6周岁，父母会把你送到小学接受教育。你会开始学习语文、数学、英语、音乐、美术、体育等科目。每一年的难度都会慢慢加深，内容也会越来越丰富。大部分中国的学生都会上六年小学。

小学毕业后，你接着会上三年的初中，开始接受中等教育。除了之前提到的学科，你还会开始接触历史、政治（zhèng zhì，politics）、地理、生物、物理（wùlǐ，physics）和化学（huàxué，chemistry）。这一个阶段学生开始尝试着了解生活、自然和世界。

初中三年结束后会迎来中考。这场考试决定了你能否去一所相对好一些的高中。高中一共读三年。一般来说，第一年学习初中阶段已开始学习的九个科目。到了第二年就会让你在所有科目中的语文、数学、英语之外，再选择三个科目进行专业的学习，直到高中三年结束。

之后就会迎来高考。有的人会根据高考成绩来考虑上什么样的大学，还有一些人会选择出国留学。无论选择哪一条道路，都是由自己决定的。

## ? 判断题

1. 上幼儿园时，老师不教知识，只会教你养成良好的生活习惯。(　　)

2. 满了6周岁，中国的小孩就能上小学。(　　)

3. 高考以后，大部分学生会选择读技术学校。(　　)

## ? 选择题

1. 在中国，从上小学开始一直到上大学之前，至少会读多少年书？

A. 六年　　B. 九年　　C. 十二年

2. 在中国，高一学生会学几个科目？

A. 六个　　　B. 九个　　　C. 十二个

## 我的爱好

每个人都有自己的爱好，我也不例外。我的爱好有很多，包括唱歌、看书、游泳等。但是我最大的爱好是书法。

小学六年级的时候，我开始学习书法。当时我还比较调皮，所以上课经常开小差。我认为只要把字写出来就可以了，丑一点也没关系。在练习中，老师不但指出了我哪些字写得不够好，还多次表示希望我改变学习态度。可是，我觉得书法课实在是太无聊了。写一个字需要花很长时间，还要反复写。每次上书法课的时候，我都恨不得早点下课回家。

在一节课上，老师展示（zhǎnshì，to show）了我们的书法作业。我才发现，原来别的同学已经有了很大的进步，而我的字还是那么难看。于是，我下决心一定要把书法练好。我主动去请教老师，老师让我先把“永”字写好。我就买了字帖（zìtiè，copybook for calligraphy），每天照着字帖来写。除此之外，我还经常找一些书法教学视频来观看。过了一段时间，我感觉自己有了很大的收获。

在不断的努力下，我也有了进步。在书法比赛中，我获得了第三名，虽然这个成绩不是特别好，但是它肯定了我的努力。以后的每一天，我都会花一个小时来练习书法。慢慢地，练习书法就成了我的一个习惯。

对我来说，练习书法是一件可以改变心态的事。书法既体现了中华优秀的传统文化，又显示了汉字的历史变化。练习书法是一件很有意义的事。

## ? 选择题

1. “我”最大的爱好是什么？

A. 跳舞　　B. 书法　　C. 游泳

2. 上书法课的时候，“我”为什么想早点回家？

A. 肚子太饿

B. 我的字很漂亮

C. 书法课太无聊

3. “字帖”可能是一种什么东西？

A. 练习写字的书　　B. 一种图片　　C. 小说

4. 现在，“我”每天花多长时间来写字？

A. 一个小时　　B. 两个小时　　C. 三个小时

5. 下列关于“书法”的说法哪一项是正确的？

A. 我一开始学习就很喜欢

B. 有很多不同的学习方法

C. 我很不满意比赛的成绩

# 你的美是谁的美？

有这样一个故事：去相亲的一男一女约定好在商场里见面。两个人之前并没有见过，但是手机里面早就留下了对方的照片和联系方式，所以并不担心找不到对方。两个人都希望快点见到对方，因为照片里的女孩儿又漂亮又可爱，男孩儿又高大又帅气，都跟模特儿一样。但是到了约定的时间，两个人都没有看到对方。等了半个小时之后，女孩儿打了男孩儿的电话，却发现旁边一个相貌一般、身材矮小的人接起了电话，于是心里感到失望极了。男孩儿发现女孩儿之后，也不敢相信眼前这个女孩儿是照片里的人。最后，两个人都删掉（shāndiào，to delete）了对方的“照骗”，生气地回了家。

像这样的故事，在生活中常常发生。手机里的 App 能把一张普通的照片变得十分好看；各种各样的化妆品也可以在短时间里改变一个人的样子；医学的技术甚至能帮助人改变自己的长相。但是，这样一来，人外表的美不就成了 App 的美、化妆品的美、医学技术的美了吗？这样的美还是真实的美吗？

也有人认为，正是因为自己的长相有不美的地方，所以才想通过上面这些方式让自己变美，给别人留下好的印象，也给自己带来好的心情，增长自信。不管是 App 让人变美，化妆品让人变美，还是医学技术让人变美，这些都是人们让外表变美的方式。

那么，你赞同哪个观点呢？

## 判断题

1. 去相亲的女孩儿等了半个小时也没有见到男孩儿，是因为男孩儿迟到了。（　　）

2. 故事最后，两个人都生气地回了家，是因为他们都觉得对方用照片骗自己。（　　）

3. 有的人认为，美丽的外表，会让人更加自信。（　　）

4. 这篇文章认为所有的人都应该追求外表的美。（　　）

## 问答题

1. 对于“照骗”，你怎么看？

2. 文章说了两个不同的观点，你赞同哪一个，原因是什么？

# 第六单元

# 铁棒磨成针

李白是中国唐朝一位非常伟大（wěidà，great）的诗人。传说，他小时候很贪玩（tānwán，playful），一遇到困难就会退缩，不喜欢学习，读书进步很慢。

有一天，李白放学回家，路过一条小河边，看见一位老奶奶在磨（mó，to grind）一根很粗的铁棒。他觉得很奇怪，就走到她旁边问："老奶奶，您磨这根铁棒干什么？"

她说："磨成针。"

这时候，李白更觉得奇怪了，心想："这么粗的铁棒，怎么可能变成又细又小的针呢？那是肯定不可能的。"但是看着老人坚定的眼神，他又问："这么粗的铁棒，您怎么能把它磨成针呢？"

"能，一定能！"老奶奶说，"只要功夫深，铁棒就能磨成针"。

听了老奶奶的话，李白心里忽然明白了，其实只要坚持，所有难题都可以解决。从此，李白刻苦读书，进步得很快。后来，他成了中国历史上一位有名的诗人。

## 判断题

1. 李白从小就非常喜欢学习，成绩优秀。（　　）
2. 老奶奶希望把针磨成铁棒。（　　）

## 选择题

1. 李白是哪个朝代的伟大诗人？

A. 唐朝　　B. 宋朝　　C. 元朝

2. 铁棒原来是什么样子的？

A. 又细又小　　B. 很粗　　C. 像针一样

## 问答题

1. 你觉得老奶奶最后能把铁棒磨成针吗？
2. 请谈谈你对这个故事的看法。

# 桂林三日游

一直都听说“桂林山水甲天下”。端午节，我们放三天假。我和朋友们一起开车去桂林，打算在桂林慢慢玩。

第一天，我们起得很早。从广州到桂林，我们开了六个小时的车，因为路上有点儿堵车，所以觉得很累。到桂林已经是中午了，我们一起去吃午饭，尝试了啤酒鱼。啤酒鱼是桂林的特色菜，很好吃，可是有点儿贵。下午我们一起去逛了象鼻山。因为这座山看起来像大象的鼻子，所以人们叫它“象鼻山”。玩累了，我们就坐在长椅上看老人钓鱼（diàoyú，to fish），感觉好极了。

第二天，我们去了阳朔。我们很早就去买船票，因为游玩漓江最好的办法就是坐竹船。等了很久，我们终于买到了船票。坐竹船经过的第一个景点，是二十元人民币上的真实的风景，大家开心地拿着人民币拍照。这里的风景非常美，而且大家都是第一次坐竹船，所以都很激动。

第三天早上，我们吃了螺蛳粉。螺蛳粉是广西很有名的米粉。虽然味道很重，可是吃起来很香。吃完早餐我们去逛了西街，在那里买了一些好看的纪念品（jìniànpǐn，souvenir）。下午我们就开车回广州了。这次桂林之旅，大家玩得都很高兴。

## 选择题

1. “我们”怎么去桂林？

A. 坐火车　　B. 开车　　C. 坐出租车

2. 为什么会开六个小时的车？

A. 车坏了　　B. 司机开得太慢　　C. 路上堵车

3. 下面哪道菜不是广西的特色菜？

A. 象鼻　　B. 啤酒鱼　　C. 螺蛳粉

4. “螺蛳粉”怎么样？

A. 味道很重

B. 味道很香

C. 没有什么味道

5. “桂林山水甲天下”是什么意思？

A. 桂林这个城市很漂亮

B. 桂林的风景是假的

C. 桂林的山水是最漂亮的

# 鲸鱼之死

5 月 28 日，在泰国南部，一头很小的鲸鱼被困在沙滩（shātān，beach）上。当地人发现它后，马上开始救它。但是它的情况没有好起来，最后还是死在了大家的面前。为了了解它死亡的原因，人们对它的身体进行了解剖（jiěpōu，to dissect）。看到鲸鱼身体里面的东西后，大家都很吃惊：在它的身体里，一共有 80 个塑料袋。这些塑料袋不仅给它造成了非常大的痛苦，而且会让它无法吃东西，这就是它死亡的原因。

鲸鱼的死告诉人类：在大自然中，有非常多的动物正在替人类承担着痛苦。它们有的被折磨（zhémó，to torture）得十分难受，有的因为人类制造的垃圾丢掉了生命，还有的可能整个种类已经永远地从地球上消失了……

这一次，塑料袋杀死了一头鲸鱼，如果人类仍然这样，那下次，再下次，也许人类自己会受到惩罚。

## ? 选择题

1. 人们在鲸鱼的体内发现了什么？

A. 未消化的食物　　B. 很多塑料袋

C. 塑料瓶　　D. 橡胶颗粒

2. 鲸鱼体内的垃圾使它变得怎么样？

A. 非常痛苦　　B. 无法进食

C. 不能说话　　D. 无法活动

3. 因为人类的活动，大自然中的动物遭遇了什么？

A. 有的十分痛苦　　B. 有的已经死亡

C. 有的整个种类都消失了　　D. 以上都是

# 提醒幸福

我们从小就习惯了在提醒中过日子。天气刚有一点变化，妈妈就说，不要忘了多穿衣服；刚认识了一个朋友，爸爸就说，小心他是个骗子；你取得了一点成功，还没有笑出声音来，所有关心你的人一起说，别骄傲！我们已经习惯了在提醒中生活。

人生总是有不好的事情发生，大多数人也早已习惯了面对对困难的提醒，比如：不要摔倒、不要被骗……以前的人们提醒了我们好多次，却不提醒我们幸福。也许他们认为幸福不提醒也跑不了，也许他们以为好的东西我们自己就会珍惜，用不着别人告诉我们。他们经常告诉我们要避开（bìkāi，avoid）未来的困难。但避开困难之后是什么？

那就是幸福啊！

享受幸福是需要学习的，当幸福将要到来的时候是需要提醒的。当春天到来的时候，我们要对自己说，这是春天啦！心里就有一种温暖的绿意。幸福的时候，我们要对自己说，请记得这个时间！幸福就会长久地在我们身边。

当我们一无所有的时候，我们也能够说：我很幸福，因为我们还有健康的身体。当我们失去健康的时候，那些最勇敢的人仍然可以微笑着说：我很幸福，因为我还有一颗健康的心。

甚至当我们的心也不再存在的时候，那些人类中最优秀的人还是可以对世界大声说：我很幸福，因为我曾经生活过。

常常提醒自己注意幸福，就像在寒冷的日子里经常看看太阳，心就会慢慢温暖起来。

（来源：毕淑敏：《毕淑敏散文精选》，长江文艺出版社，2017 年，第 3 页，有改动）

## 选择题

1. “当我们一无所有的时候，我们也能够说：我很幸福”这个句子里画线的词语是什么意思？

A. 健康的身体　　B. 什么也没有

C. 感到幸福　　D. 勇敢的心

2. 下面哪个选项不是“在提醒中生活”？

A. 妈妈让我们多穿衣服　　B. 爸爸让我们小心骗子

C. 朋友让我们不要骄傲　　D. 老师让我们写作业

3. 遇到什么情况可以说“我很幸福”？

A. 健康的身体　　B. 曾经生活过

C. 健康的心　　D. 以上都可以

# 校园运动会

一天早上老师召开班级会议，对我们说：“学校下周五将举行运动会，希望你们积极参加这次运动会。”我高兴极了。因为从小到大，我最喜欢参加的活动就是运动会。

我比较喜欢跑步和跳远，所以我报名参加了这两项比赛。在比赛之前，我每天都去操场锻炼，想为运动会做好充分的准备。可是，因为夏天天气太热，我不小心中暑（zhòngshǔ，sunstroke）了。朋友带我去校医院看医生，医生告诉我要注意休息，不要参加剧烈的运动。所以接下来的几天里，我不得不停止锻炼。

终于到了运动会比赛的日子，我的身体也恢复了。我参加的第一个项目是接力跑，我跑最后一棒。热身运动过后，我们都到自己的位置上等待裁判（cáipàn，referee）吹哨。哨声一响，队友们像箭一样飞了出去，很快地，接力棒就传到了我的手上。拿到接力棒的我迅速向前跑去。在大家的共同努力下，我们终于获得了第一名。

半个小时的休息后，我准备去参加跳远项目。到了沙池边，已经有很多人在做准备了，我也加入了他们的队伍（duìwǔ，team）。在跳远项目中，我完成得不好，只拿到了第九名。虽然只有前八名才有奖励，但是我也很开心。因为运动会的精神就是不断努力，赢过自己，而我做到了。

## 选择题

1. 运动会什么时候举行？

A. 星期一　　B. 星期三　　C. 星期五

2. 下面哪个说法是正确的？

A. “我”不喜欢跑步

B. “我”比赛前希望为运动会做好准备

C. “我”只报名参加了跳远

3. “我”为什么去看医生？

A. 身体不舒服

B. 他是我的好朋友

C. 为比赛做准备

4. “像箭一样飞了出去”是什么意思？

A. 有箭飞过

B. 跑得很快

C. 箭很快

5. 对跳远比赛的成绩，“我”是什么态度？

A. 很伤心　　B. 很失望　　C. 很开心

# 第七单元

# 过节你回家吗？

在中国，你可能会听到这样的对话：

A：过节你回家吗？

B：打算回趟（tàng，a trip）家，你呢？

为什么中国人一到节日就会问别人回不回家呢？其实这和中国人过节的方式有关。

中国的传统节日，比如中秋节和春节，都具有“家庭”这个特点，说得简单一点儿，就是这些节日要和家人一起过。在中国，春节、清明节、中秋节的时候，大部分人会回自己家，而不是待在别人家过节。国外也有一些节日具有“家庭”的特点，比如感恩节。在美国，感恩节那天，在远方工作、学习的人们一般都会回到家中和亲人团聚，坐在一起吃火鸡（huǒjī，turkey）。

当然，中国的传统节日中也有具有“大众”特点的节日。比如端午节，有很多地方会举行龙舟比赛。可能这条龙舟上的人和另外一条龙舟上的人都不认识，大家一起比赛，也一起享受节日带来的欢乐。国外也有不少节日具有明显（míngxiǎn，obvious）的“大众”特点，比如有名的巴西狂欢节，那是一大群人在一起过节，整条大街，甚至整个城市，都是表演的舞台，不管是黑人还是白人，不管是穷人还是富人，也不管认识还是不认识，男女老少都尽情（jìnqíng，as much as one likes）地享受节日的欢乐。

## 判断题

1. 中国人过节总是和家人在一起。(　　)
2. 感恩节和中国的春节有点类似。(　　)

## 填空题

中国的端午节具有“________”的特点。

## 问答题

1. 请你谈谈春节和感恩节的相同点。
2. 请你谈谈端午节和巴西狂欢节的相同点。

# 中国的“两极”

世界有“两极”——南极和北极，分别在世界的南北两头，而且都很寒冷，但你知道吗？中国也有“两极”——“热极”和“冷极”。让我们一起来了解一下吧。

中国的“热极”，就是指中国最热的地方，这个地方是新疆的吐鲁番。1975 年 7 月 13 日，这里的温度达到 49.6℃，是中国有记录以来，温度最高的一天，而地表的温度就更高了，达到了 83.3℃，放一个鸡蛋在地上，鸡蛋一会儿就熟了。因为这里的夏天日照时间长、昼夜温差大，吐鲁番产的哈密瓜、西瓜、葡萄等水果都非常甜，受到了全国人民的喜爱。

中国的“冷极”，也就是中国最冷的地方又在哪儿呢？在中国的内蒙古高原，有一个地方叫根河，那里一年的平均气温是 −5.3℃，而在 2009 年 12 月 31 日，那里的温度下降到了 −58℃，成了中国有记录以来温度最低的一天。−58℃到底有多冷呢？如果你把一盆开水向空中泼（pō，to splash）去，水还没有落地，就已经都成了冰。根河虽然很寒冷，但是在这样的地方，会有非常美丽的冰雕，人们把巨大的冰块雕成各种样子，然后在冰雕里面或者周围放上各种颜色的灯，形成一个神奇（shénqí，magical）的冰雪世界！

虽然在同一个国家，但是“热极”的最高温度和“冷极”的最低温度，相差了快 108℃！中国还有更多有意思的事情等着你来发现！

## 判断题

1. 中国的“两极”在中国的南北两头。（　　）

2. 新疆的吐鲁番最热的一天，地表温度达到了 83.3℃。（　　）

3. 因为吐鲁番盆地的夏天很热，所以这里产的芒果、葡萄都很甜。（　　）

4. 在中国的吐鲁番，开水都会结冰。（　　）

5. 虽然中国的“冷极”很冷，却有非常美丽的冰雕。（　　）

## 问答题

1. 你的家乡最冷的地方和最热的地方在哪儿？

2. 在中国的“热极”和“冷极”，都有哪些有特色的东西？

# 曾子杀猪

一个晴朗（qínglǎng，sunny）的早晨，曾子的妻子准备去市场买一些东西。她出了家门没走多远，儿子就哭着从后面跟了上来，想和她一起去。孩子不大，市场有点儿远，带着他很不方便，因此她对儿子说：“你回去在家等着，我买了东西一会儿就回来。你不是喜欢喝肉汤吗？我回来以后杀猪给你吃。”儿子一听，马上安静下来，开心地让妈妈一个人走了。

曾子的妻子从市场回来，还没进家门就听见院子里捉猪的声音。她进门一看，原来是曾子正准备杀猪给儿子做好吃的。

她急忙阻止（zǔzhǐ，to stop）丈夫，说："家里只养了这几头猪，你怎么把我哄（hǒng，to coax）孩子的话当成真的呢？"曾子说："在小孩面前是不可以说假话的。如果我们现在说一些骗他的话，就是教他以后去骗别人。虽然母亲能在短时间让孩子开心，但是以后他知道自己受了骗，就不会再相信妈妈的话。这样，你就很难再教育好自己的孩子了。"曾子的妻子觉得丈夫的话很有道理，于是很开心地帮助曾子杀猪。没过多久，曾子的妻子就为儿子做了一顿很好吃的晚餐。

曾子用他的话和行为告诉人们，对孩子也要诚实，应该说到做到。

（来源：百度文库，https：//wenku. baidu. com/view/35c18aa25ff7ba0d4a7302768e9951e79b8969ce. html，有改动）

## 判断题

1. 曾子的妻子为了哄儿子，真的准备回来以后杀猪给儿子吃。（ ）

2. 曾子杀猪也是骗儿子的，并不是真的要杀猪给儿子吃。（ ）

3. 父母可以偶尔对孩子撒谎，对孩子不会有什么影响。（ ）

4. 做人应该言而有信，哪怕是对孩子，也要说到做到。（ ）

# 请你说清楚

不知道你身边有没有这样的人：每次说话都说不清楚，总是加上“那个”之类的词，让人听了似懂非懂。我的朋友麦克就是这样的人。

举例来说，他想让我们帮他拿桌子上的一本书，他就会说：“哎！你帮我把那个拿过来。”我们都不知道他是对谁说的这句话，也不知道他让我们拿什么东西。如果我们没有第一时间做出反应，他就会嫌弃（xiánqì，dislike and avoid）我们，开玩笑地说：“哎呀，理解能力不行啊，真不懂我。”

我们刚开始还觉得麦克这样挺有趣的，但是后来就有点不爽。明明是他自己没说明白，为什么要嘲笑（cháoxiào，to laugh at）我们呢？有的朋友对这样的事很不能接受，就跟麦克说，建议他以后把话说全，说清楚一点儿。这样既不用多问，也不会让有些朋友感觉不舒服。虽然他说的是玩笑话，可是有的话也会让人听了感到伤心。

从那以后，麦克慢慢改掉了这个不好的语言习惯，大家也更喜欢他了。

## 选择题

1. “似懂非懂”是什么意思?

A. 全都懂

B. 全都不懂

C. 好像懂了又好像没懂

2. “不爽”是什么意思?

A. 不凉爽，很热

B. 不开心、不满意

C. 不爽快，拿不定主意

## 问答题

1. 把话说完整有什么好处?

2. 你觉得自己有什么不好的语言习惯?为什么会觉得不好呢?

# “决定命运”的一场考试

来中国之前，你一定听说过中国有这样一场考试，它影响了中国学生的未来，以后能不能获得成功有可能取决于这场考试。这场考试就是中国高考。

大概每年6月或7月初，中国会在全国范围内为高三学生举行高考。因为高考改革，每个省有关高考的政策会有一些不同。我们从2020年广东高考的安排来了解这场重要的考试。2020年广东的高考时间为7月7日至8日。7月7日上午考语文（9：00—11：30），下午考数学（15：00—17：00），7月8日上午考文科综合或者理科综合（9：00—11：30），下午考外语（15：00—17：00）。文科综合包括历史、政治和地理；理科综合包括物理、化学和生物。外语可以选择英语、俄语、日语等。也就是说，广东的高三学生会在两天之内参加四场考试，一共六科。

整整三年，全中国的高中生都在为这一场考试而认真读书。为了能有时间多做一张卷子（juànzi，examination paper）或者多看一遍书，几乎每一名高中生都过着晚睡早起的生活。无论是家长还是学生都非常重视这次考试，学生的目的都是考上一所理想的大学，选择一个喜欢的专业。

高考固然（gùrán，indeed）重要，它能够决定学生能否上一所好的大学，但是它并不一定能够决定学生一生的命运。高考带给学生的，可能是那一份追求（zhuīqiú，to pursue）梦想的坚持和一种积极乐观的态度。

## 判断题

1. 中国的高中一共读三年。(　　)
2. 每一位家长都过着晚睡早起的生活。(　　)
3. 高考很重要，完全决定了人一生的命运。(　　)

## 选择题

参加 2020 年广东高考的学生在 7 月 7 日会参加什么考试？

A. 外语　　B. 语文　　C. 综合

## 填空题

2020 年广东高考的文科综合包括________、________和________三门科目。

# 第八单元

# 诗仙李白

你知道李白吗？如果你想了解中国的古代文化，肯定要知道李白。李白是中国历史上最伟大的诗人之一。中国的孩子们从小就会背李白的诗句："床前明月光，疑是地上霜。举头望明月，低头思故乡。"每个中国人心中都有一个李白。

李白最大的爱好之一是喝酒。酒可以给他带来灵感（línggǎn，inspiration），让他创作出很多优秀的作品。人们常说他喝酒之后才会写诗，不喝酒就不写诗。

李白是一个乐观的人，始终对一切充满信心。他觉得人生很短，应该享受生活，在人的一生中，感到快乐的时候就要去享受快乐。所以他除了写诗以外，还很喜欢旅游。他的很多作品就是在旅游时创作出来的。

李白是一个十分正直（zhèngzhí，righteous）的人，不会随便向有权有势（权势 quánshì，power）的人低头，即使是皇帝最喜爱的大臣，他也不放在眼里。这样的人怎能不值得我们敬佩（jìngpèi，to admire）呢？

## 判断题

1. 中国人关于李白的印象都是差不多的。(　　)
2. 李白是一个很悲观的人。(　　)
3. 李白不仅喜欢喝酒，还喜欢旅游。(　　)

## 问答题

猜一猜第四段中的“不放在眼里”是什么意思。

# 酒文化

中国酒文化有很长的历史，在中国的一些重大节日，人们都会举行一些喝酒活动。例如，端午节喝“菖蒲酒”，重阳节喝“菊花酒”，除夕夜喝“屠苏酒”。在江西的民间，春天插完禾苗（hémiáo，grain seedling）后，要欢聚喝酒；庆祝丰收时，人们更要喝酒。酒席结束后，常常是“家家扶得醉人归(guī，to return)”。

春节是中国人最热闹的节日，是家人团聚的日子。在过年的时候，即使是穷人，或者平时不怎么喝酒的人，也要开心地喝上两口。吃完年夜饭，有的地方还会在夜深的时候再次喝酒，直到第二天天亮。正月初一，有的地方的人们一般是不出家门的，从正月初二开始，才出门互相拜访（bàifǎng，to visit）。有客人来，主人就将早已准备好的精美的酒菜摆上桌子，一起喝酒聊天，共同祝贺春节快乐。

一般来说，酒和高兴的事情有关。“喜酒”通常指婚礼，办喜酒就是办婚事，去喝喜酒，也就是去参加婚礼。为表示夫妻恩爱，在婚礼上夫妻一人拿一杯酒，手臂相交各自喝一口，这就是“交杯酒”。

## ? 填空题

1. 在中国，__________喝“菖蒲酒”，__________喝“菊花酒”，__________喝“屠苏酒”。

2. 在江西，春天____________后，要喝酒庆祝，____________时更要喝酒。

3. __________通常指婚礼，__________就是办婚事，____________就是去参加婚礼。

4. “__________”就是在婚礼上夫妻二人手臂相交喝一口酒。

# 旅游黄金周

旅游黄金周，主要指的是国庆节小长假。在这个假期里，很多人有七天的休息时间，因此可以利用这个小长假去旅游。旅游黄金周既能丰富人们的生活，又能促进经济的发展。但是旅游黄金周真的适合出游吗?

每到旅游黄金周，大部分商品都会涨价（zhǎngjià，rise in price）。机票、酒店的价格更是比平常高出不少。选择在这个时间段出游，你可能需要花费更多的钱。而且不管你去哪里，到处都是人山人海。因为人们只有在国庆节才有小长假，所以大部分人都会选择出去旅行。道路拥挤，景点也非常拥挤，因此很容易发生事故。而且，越有名的城市就越拥挤，像北京、上海和广州的拥挤情况就非常严重。因此，选择这个时段出游是不大理想的。

如果你平时有时间，那么不建议你在黄金周出游。但是如果你非常想出去旅游，那么建议你选择一个相对轻松舒适（shūshì，comfortable）的城市，不要去一些热门城市或者一些热门景点，因为你会发现不管去哪儿都是人。在出行之前，你一定要做好旅游计划，保证你在旅行中的安全。

## 选择题

1. “黄金周”指的是什么？

A. 很多黄金　　B. 周末的名字　　C. 国庆小长假

2. 为什么“黄金周”去旅游会花很多钱？

A. 因为太浪费

B. 因为东西都涨价了

C. 因为跟朋友出去玩

3. 第二段中的“人山人海”是什么意思？

A. 人太多　　B. 很多山　　C. 很多海

4. 哪个城市可能不那么拥挤？

A. 上海　　B. 广州　　C. 南宁

5. 关于“黄金周”，下列哪一项说法是正确的？

A. 所有人都去旅游

B. 每个城市都非常拥挤

C. 很多人去热门景点

# 犬马最难，鬼魅最易

有个人来给齐王画画。齐王问这个人：“你画画这么多年，觉得什么东西最难画？”

这个人想了一会儿，回答：“狗、马这一类最难画。”

齐王又问：“那什么最容易画呢？”

这个人说：“妖魔鬼怪（yāomóguǐguài，demons and ghosts）最容易画。”

齐王听了之后表示非常不明白。这个人解释说：“狗、马这些动物，人人都熟悉，天天都能看见，只要画得不太像，任何人都能说出几点来。但是妖魔鬼怪就不一样了，谁都没见过，所以我怎么画都行，谁也说不出我哪里画得不像，反而还会觉得我画的就是真的。所以画妖魔鬼怪最容易。”

对于这个故事，有人认为，客观地反映（fǎnyìng，to reflect）事实是很难的，就像真实地把狗、马画出来；但是有时候说一些假话，谈论不存在的东西反而最容易，因为大家都不知道这些东西，可以随便讨论，就像画鬼一样。也许我们在生活和学习中也可以发现，从实际出发，按照真实的情况、老老实实办事是最难的，要付出更多的努力。你的看法又是什么呢？

## 问答题

1. 这个人觉得画什么最容易，画什么最难？
2. 这个故事对你有什么启示？

# 微信知多少

在国外，人们聊天时用到的是 Facebook Messenger、Line、Skype、WhatsApp 这样的软件。在中国，大部分人用到的是微信（WeChat）。

微信是什么？微信是中国的腾讯（Tencent）公司开发的一种聊天软件。2021 年，微信才过了它十岁的生日。人们可以用它打语音和视频电话，也可以用它发文字、语音、图片和视频等信息，这些也是它一开始被创造出来的目的。

但是，如果说微信只是一个聊天软件的话，就太小看它了。在微信，除了可以和朋友、家人文字聊天、打电话，你还可以做很多事情。如果你饿了，可以用它叫外卖；如果你想看电影，可以用它买电影票；如果你感觉无聊，微信里面有很多游戏可以选择；如果你想出去玩，可以用它打车、坐公交、买火车票或者飞机票。你还可以用它交电费、水费、网费、有线电视费等。如果问一个使用微信的人："你最喜欢微信哪个功能？"他或者她很有可能会说，微信可以用来给别人发红包，也可以用来抢红包。

微信的影响有多大呢？目前全世界有 200 多个国家和地区的超过 10 亿人在使用微信。在一些亚洲国家，买东西也许不能使用人民币，但是很有可能可以使用微信来付钱。

微信已经不仅仅是一个聊天的工具，而且是中国人的一种生活方式了！

## 判断题

1. 微信的功能很多，所以所有中国人都用微信。（　　）

2. 微信被开发出来是为了能够用来支付账单。（　　）

3. 微信不仅可以用来在中国买东西，也可以用来在国外买东西。（　　）

## 选择题

1. 微信不能用来做什么？

A. 定闹钟　　B. 叫外卖

C. 打车　　D. 打电话

2. 微信是哪一年推出的？

A. 2021 年　　B. 2010 年

C. 2011 年　　D. 2012 年

## 问答题

请说出 5 件微信可以做到的事情。

# 第九单元

# 东郭先生和狼

有一天，东郭先生背着一袋书，要去其他地方。突然，一只带伤的狼来到他的面前，说："先生，我现在正被一个猎人追（zhuī，to chase）。请您把我藏（cáng，to hide）在您的行李里，将来我会感谢您的。"

东郭先生什么都没想，只觉得它很可怜，就说："好！我一定救你。"

于是东郭先生把它装进了袋子里。不一会儿，猎人追了上来，发现狼不见了，问他："你看见一只狼没有？它往哪里跑了？"

东郭先生说："我没有看见。可能从其他路逃走了。"

猎人听了，相信了他的话，于是离开了。

狼等到听不到其他声音后说："先生，请您把我从口袋里放出来，让我走吧！"

善良的东郭先生于是把它放了出来。没想到狼大声对他说："我饿得不行了，我要吃了你！"

这时刚好有个农民路过，东郭先生拉住他，让他帮忙。农民马上把狼打死了。农民对他说："这种吃人的动物，本性肯定不会改变的。你对狼这么善良，真的太危险了！"

东郭先生对农民说："你今天救了我，真的谢谢你。我一定记住这个教训！"

## 选择题

1. 东郭先生带了什么东西去别的地方？

A. 一个空袋子　　B. 一袋书　　C. 一匹狼

2. 谁在追赶这只狼？

A. 东郭先生　　B. 农民　　C. 猎人

3. 这只狼最后怎么了？

A. 逃走了　　B. 被吃了　　C. 死了

## 问答题

请谈谈你对这个故事的看法。

# 法律与金钱

一位亚洲学生在德国留学的时候，钱包在一家图书馆被小偷偷走了，包里有20欧元。他不打算报警，可是图书馆的保安却报了警，不到5分钟，一位女警察赶到了现场，了解了情况以后，女警察说："图书馆的自动安全系统已经录下了小偷的样子，警察局今天就可以把小偷的照片传到其他地方的各个警察局。如果还是找不到小偷，我们会把录像带送到电视台不停播放，直到抓到小偷为止。"

"我看算了，只有20欧元，不用这么麻烦了。就算抓到了小偷，花了那么多时间和金钱，值得吗?"留学生对女警察说。

"不！我们是警察，不是商人，只有商人才讲值不值得，但法律是不能用金钱去比较的。小偷犯了法，就必须受到法律的惩罚（chéngfá，punishment）。"女警察很认真地说。

结果，在电视台播出小偷偷东西录像的第二天，小偷就被抓住了。那位学生在警察的帮助下拿回了自己被偷的钱。

如果你遇到这样的情况，你会怎么做呢?

（来源：百度文库，https：//wenku. baidu. com/view/c3a48785a58da0116c1749ef? sxts＝1561524948224，有改动）

## ? 判断题

1. 一位德国学生在亚洲留学时丢了钱包。（　　）
2. 学生觉得因为20欧元报警不值得。（　　）
3. 女警察觉得法律可以用金钱来比较。（　　）
4. 图书馆的自动安全系统对抓住小偷没有帮助。（　　）

# 我最好的朋友

在大学四年中，我收获了很多。其中我觉得最珍贵的收获，就是我和小玲的友谊。在这四年中，我们几乎每天都在一起，她是我最好的朋友。

说起我们，还真是有缘。大一开学，我们被分到了同一间宿舍。巧的是（qiǎodeshì，coincidentally），我们竟然是老乡。我们都是第一次离开家，来到陌生的地方读书。虽然很担心、很紧张，可是能住在一起，让我们变成了好朋友，我觉得这是一件很幸福的事。

小玲对我的影响很大，是我的学习榜样（bǎngyàng，example）。她不但学习成绩好，而且很自律。每天她都会制订学习计划，并且会严格完成。虽然她的成绩已经很好，可是她还很努力地学习。当我们遇到不懂的题目时，总会向她请教。她会很耐心地给我们讲解，就像是我们的小老师。在很多人的眼中，成绩好的人应该都是“书呆子”。可是小玲却不一样，她的兴趣爱好比较广泛（guǎngfàn，extensive），她不但会弹古筝，还喜欢下围棋。

生活中的小玲是一个很细心、很体贴的人。刚来这座城市的时候，因为不适应这里的天气，我经常生病。那时候，她像姐姐一样细心地照顾我。在我遇到麻烦事的时候，她也会经常帮我想办法解决问题。和她相处的这四年，我们有很多美好的回忆。她常说："我们要勇敢地面对生活中的困难，也要不断努力，成为更好的人。"到现在，这句话还在不断鼓励着我，让我更加努力成为更好的自己。

## 选择题

1. "我"大学最大的收获是什么？

A. 成绩　　B. 朋友　　C. 老师

2. 关于小玲，下面哪个说法是正确的？

A. 她很优秀

B. 我们在不同的宿舍

C. 我们来自不同的地方

3. "书呆子"是什么意思？

A. 喜欢看书的人

B. 喜欢发呆的人

C. 除了学习什么也不会的人

4. 生活中的小玲是一个什么样的人？

A. 怕困难　　B. 很细心　　C. 很严格

## 问答题

你能介绍一下你最好的朋友，并讲述一下你们之间的故事吗？

# 起名字

2018 年 6 月 28 日，姐姐生下了“小树苗”，也就是我的外甥女（wàishengnǚ——niece），一个胖乎乎的、健康又可爱的小女孩儿。也是从这一天起，我们家开始了一场“起名运动”。

“小树苗”这个名字是小女孩儿的小名。因为姐夫说，他和姐姐在支付宝的“蚂蚁森林”里花了两年时间一起种过一棵真的白杨树，为了纪念这棵树，外甥女就有了“小树苗”这个小名。现在小名有了，大名叫什么好呢？姐夫姓蔡，是中国一个普通的姓，这是不能改变的，困难就在姓后面的名了。

我建议叫“蔡雨祺”，因为小树苗是在下小雨的那一天出生的，这种天气在汉语里面叫“霁”，把“霁”这个字拆开（chāikāi，to separate），就是“雨齐”了，换成女孩儿的名字，就可以叫“雨祺”。但是姐姐觉得这个名字听起来太温柔了，于是否定了。接着，我建议叫“蔡远橙”，谐音有“远大前程（yuǎndàqiánchéng，a fine future）”的意思。姐姐说听起来太俗气（súqì，tacky），又否定了。

后来，爸爸和妈妈觉得，名字就要反映时代的特点。中国 20 世纪五六十年代出生的人，很多都叫“建国”“国庆”，70 后、80 后又有很多叫“开放”和“发展”的人。既然现在是信息时代，小树苗可以叫“蔡信希”，发音跟“信息”一样。姐姐又觉得太简单，再次否定了。

姐姐怀孕四十周生下了小树苗，现在又过去了四十周，小树苗的名字还是没有“出生”。

## 问答题

1. “我”的外甥女的小名为什么叫“小树苗”？

2. “我”和爸爸妈妈分别给小树苗取了什么名字，理由是什么？

3. 姐姐拒绝“我们”关于名字的建议的理由分别是什么？

4. 读完这篇文章，你觉得中国人取名字有哪些特点？

5. 你知道自己的名字是谁取的吗？你的名字有特殊的含义吗？

# 流行的广场舞

“你是我的小呀小苹果，怎么爱你都不嫌多……”每到晚上7点，广场上就会传来这首歌。不用说，肯定是阿姨们开始跳广场舞了。

说起广场舞，大家都不陌生。它因人们在广场跳舞而得名。每个舞队都有一个领舞的人，有经验的人排在前面，初学者排在后面跟着学习。舞蹈有很多种类，健身舞和交谊舞都很受阿姨们喜欢。现在广场舞越来越流行，随之产生的问题也越来越多。

有些人认为，这是一件有意义的事，值得提倡（tíchàng，to advocate）。首先，广场舞是一种休闲运动，可以锻炼身体。人们在跳舞的时候会保持愉快的心情，对健康有好处。其次，通过广场舞，人们可以认识更多的朋友。长辈们有很多空闲时间，多认识几个朋友对他们来说是件好事。最后，广场舞是一种技能。人们常说“活到老、学到老”，学习广场舞是学习的一部分，这种学习态度应该被鼓励。

但是也有人一提到广场舞就头疼。广场舞的音乐是周围的人都能听到的，有些人不喜欢那些音乐，更重要的是音乐太吵了，影响到了人们的生活。而且，随着跳广场舞的人越来越多，广场也越来越拥挤了。很多阿姨还会去篮球场、运动场等地方跳舞，影响了别人运动。

我认为，跳广场舞本身是一件积极健康的事，但是我们也要多为别人考虑，不能影响到别人的生活。

## 选择题

1. “广场舞” 是什么意思？

A. 舞蹈的名字

B. 在广场上跳的舞

C. 广场的名字

2. 谁可以领舞？

A. 年轻人　　B. 阿姨们　　C. 有经验的人

3. 文中的 “提倡” 是什么意思？

A. 放弃　　B. 坚持　　C. 让更多的人参加

4. 为什么有些人对广场舞感到很头疼？

A. 太吵了　　B. 很健康　　C. 不喜欢锻炼

5. 对于广场舞，下列哪个说法是错误的？

A. 可以锻炼身体

B. 年轻人很喜欢

C. 人们应该只在广场跳舞

# 第十单元

# “善变”的红色

如果有一种颜色在中西方文化中最容易引起矛盾，那一定是红色。

在大部分中国人看来，红色让他们联想到的事情，应该有这几件：春节的春联、鞭炮和红灯笼；婚礼上新娘子穿的红衣服；过年过节时现实中和微信上都会使用的红包；还有中国的五星红旗。不难发现，在汉语里面，红色代表着顺利、圆满（yuánmǎn，successful）、热烈、喜庆。

但是，当我们看到英语中对应红色的词汇“red”时，就完全不同了。除了红色的玫瑰花和表示欢迎的红地毯以外，红色通常会让以英语为主要语言的人想起鲜血、危险或者暴力（bàolì，violence），比如说一场血战会叫“red battle”，一场火灾是“red ruin”，而来自英文的“红灯区”这个词，则是“red-light district”。

从红色在不同文化中的巨大差异来看，“善变”的红色是我们在进行跨文化交流和沟通时要特别注意的一个词语，要不然就会很容易引起误会。

## 问答题

1. 在汉语和英语里，红色分别有怎样的含义？

2. 在你的文化中或者语言中，红色有独特的意义吗？别的颜色呢？

3. 红色在英语中一定代表不好的意思吗？如果不是，请举例说明。红色在汉语中一定代表好的意思吗？如果不是，请举例说明。

# 每次过节胖三斤

很多年轻的中国女孩儿总是觉得自己很胖，不够苗条。她们经常把“减肥”挂在嘴边。可是，一个月过去了，半年过去了，甚至一年都过去了，她们还在说要减肥。这是为什么呢？

她们中的一些人开玩笑地说，是因为中国的节日太多，每次过节都要胖三斤。确实，中国的传统节日不仅数量多，节日里的活动也很多，而“吃”这个活动，是每一个节日都会有的。节日里好吃的东西实在太多了。

端午节的时候人们会吃粽子，有甜粽子也有咸粽子，粽子的馅儿也很丰富。到了中秋节，人们会吃月饼，圆圆的月饼就像月亮一样。它的馅儿也有好几种，有豆沙的、水果的等。小孩儿们很喜欢过中秋节。等到一年快结束的时候，也就到春节了。中国人过春节的时候，有一些省份的人会吃饺子。饺子的里面的“内容”也很多。可以说，只要是你喜欢吃的食物，都可以放进饺子里。不过，中国人经常吃的饺子，一般是肉馅儿的，或者蔬菜馅儿的。而且饺子的做法也比较多，可以煮着吃，可以蒸着吃，也可以用油炸着吃，味道都很不错。中国的节日很多，节日里的食物也不止粽子、月饼和饺子，还有很多其他的美食。

现在的年轻人工作很忙，平时没什么时间锻炼身体，遇到这么多节日，吃了这么多美食，难怪他们要说“每次过节胖三斤”了。

## 判断题

1. 小孩儿们只喜欢过中秋节。（　　）
2. 中国人经常吃的饺子一般是水果馅儿的。（　　）

## 选择题

为什么“每次过节胖三斤”？（　　　　）

A. 没时间减肥　　B. 觉得自己太胖

C. 过节吃得太多　　D. 只是开玩笑

## 问答题

中国人春节除了吃饺子，还吃些什么美食？请谈谈你知道的其他美食。

# 语言是人类独有的

你有想过人类和动物最大的不同是什么吗？你可能会说：我们会直立行走、会跑、会跳、会拿东西，但是猩猩也能做到这些。那我们究竟（jiūjìng，on earth）有什么与众不同（yǔzhòngbùtóng，distinctive）之处呢？

答案很简单，那就是我们能够掌握语言，而且不止一种。

你可能会说，鹦鹉也会说话啊。没错，它能学会人类的一些话，而且说得很像，但是它并不明白是什么意思，只是像机器一样模仿。鹦鹉不会思考，没有自己学习的能力。

语言能力是只有人类才有的。人类拥有发达的大脑和灵活（línghuó，flexible）的发音器官，这使得人类有思维（sīwéi，thinking）和发音的能力。有了这种能力，人们开始相互用语言来交流。有些动物也会发出自己独特的声音，但是并不都能表达意思，可能只是一种声音的警告（jǐnggào，warning）。所以，能够掌握语言是人类与其他动物最大的不同之处。

## 判断题

1. 猩猩也能直立行走、跑、跳和拿东西。（　　）

2. 鹦鹉能学会人类的一些话，是因为它们会思考，有自我学习能力。（　　）

3. 人类只能掌握一种语言。（　　）

4. 人类有思维和发音的能力，是因为拥有发达的大脑和灵活的发音器官。（　　）

## 问答题

我们和动物最大的不同之处是什么？

# 校园雷锋日

3 月 5 日，是学雷锋纪念日。雷锋是一个英雄，他的一生都在帮助别人，不求回报。为了鼓励学生学习雷锋精神，学校开展了校园雷锋日活动。

我们班今年决定去敬老院看望老人。一大早，我们在学校集合，在老师的带领下，分成了两支队伍，一支队伍负责买水果，另一支队伍负责买生活用品。买完东西后，我们一起出发去敬老院。

敬老院里的爷爷奶奶们看到我们，十分开心。他们拉着我们一起聊天，跟我们分享了他们在敬老院的生活。有位奶奶说着说着就哭了起来，因为孩子不在身边，她觉得很孤单（gūdān，lonely）。我们在一旁听着，却不知道要怎么安慰她。我想，我们应该多陪陪家人，对自己家人好一些。

老师说："只聊天太没意思了，我们来表演节目吧。"同学们非常积极地表演节目，有的唱歌，有的跳舞。爷爷奶奶们看着，笑得开心极了。有些奶奶还自己跳起了舞，可爱极了。

表演完，我们帮爷爷奶奶们打扫卫生。同学们分工合作，很快就把敬老院打扫干净了。准备走的时候，爷爷奶奶们很舍不得我们。我们答应爷爷奶奶们下次再来看望他们。

今天我们度过了非常有意义的一天。虽然今天很累，但是能够帮助别人，我们还是觉得很幸福。

## ? 选择题

1. 学雷锋纪念日是哪一天？

A. 3月5日　　B. 3月15日　　C. 5月3日

2. "我们"为什么去敬老院？

A. 学校要求　　B. 学生喜欢　　C. 向雷锋学习

3. 去敬老院，"我们"带了什么东西？

A. 文具　　　　B. 零食　　　　C. 水果和生活用品

4. 老奶奶在聊天的时候，为什么会哭？

A. 因为觉得很孤单

B. 因为太感动了

C. 因为太伤心了

5. “我”今天有什么收获？

A. 可以表演

B. 能帮助别人很开心

C. 学会了照顾别人

# 相亲——中国式结婚

我们小时候可能会问自己的爸爸妈妈：“你们是怎么在一起的？”我们总是希望能够听到一些浪漫的爱情故事，但是不少孩子得到的回答却是这样一句话——“我和你爸（我和你妈）是相亲认识的！”

什么是“相亲”？现在的“相亲”和以前的“相亲”一样吗？要想理解这个词，我们要知道什么是“媒人”。媒人就是中间人的意思，他们的责任是让想结婚或者到了结婚的年龄、但是又相互不认识的两个人见面，帮助他们组成家庭。现在，让我来带大家看看中国不同年代的相亲。

今年是1900年，我是媒人，我刚好50岁了。上个月，我去了张先生家，把李先生 18 岁的儿子的生日信息告诉了他。张先生 16 岁的女儿和李先生 18 岁的儿子的生日很匹配，而且张先生和李先生的家庭情况也差不多，所以张先生同意让自己的女儿和李先生的儿子结婚。在结婚之前，我要先让张先生的女儿和李先生的儿子相亲，让两个还不认识的人见一面。

今年是 1990 年，我是王阿姨，我刚好 50 岁了。去年，我告诉我的邻居吴阿姨，我姐姐的丈夫的妹妹有个儿子，已经 25 岁了，还没有结婚，是个善良的小伙子，刚好可以和吴阿姨 22 岁的女儿凑成一对儿，所以我建议她让两个年轻人相亲，让他们自己见一面，然后再自己决定要不要恋爱，要不要结婚，吴阿姨答应了我的建议。今天吴阿姨来看望我，给我带来了礼物，说要谢谢我，因为她的女儿要和我介绍的男孩儿结婚了，邀请我去喝喜酒。

今年是 2019 年，我是小周，我 28 岁了，在和我的妻子自由恋爱了 8 年之后，我们俩结婚了。我的好朋友小陈今年也 28 岁了，但是一直没有找到合适的结婚对象，所以上个星期，我把他的个人资料放在了一个相亲网站，帮他报名参加相亲活动，今天他发消息告诉我，他和一个女孩儿恋爱了！

现在，你知道什么是相亲了吗？在中国，相亲的方式也是跟着时代一起变化的。

## 问答题

1．请说一说，你觉得什么样的人叫“媒人”。文中三个年代的媒人有什么不同？

2．请你说一说，不同年代的相亲有什么不同？

3．你的国家有类似“相亲”的社会交往文化吗？有什么特点呢？

# 第十一单元

# 2021 年一季度国内生产总值

根据有关基础资料和国内生产总值（GDP）核算方法，我国 2021 年一季度 GDP 初步核算结果如下表所示。

2021 年一季度 GDP 初步核算数据

| 行业分类 | 绝对额/亿元 | 比上年同期增长/% |
|---|---|---|
| | 一季度 | 一季度 |
| GDP | 249 310 | 18.3 |
| 第一产业 | 11 332 | 8.1 |
| 第二产业 | 92 623 | 24.4 |
| 第三产业 | 145 355 | 15.6 |
| | | |
| 农林牧渔业 | 11 888 | 8.0 |
| 工业 | 80 971 | 24.4 |
| 制造业 | 68 486 | 26.8 |
| 建筑业 | 12 017 | 22.8 |
| 批发和零售业 | 24 034 | 26.6 |
| 交通运输、仓储和邮政业 | 10 067 | 32.1 |
| 住宿和餐饮业 | 4 059 | 43.7 |
| 金融业 | 23 074 | 5.4 |
| 房地产业 | 19 460 | 21.4 |
| 信息传输、软件和信息技术服务业 | 11 319 | 21.2 |

（续上表）

| 行业分类 | 绝对额/亿元 | 比上年同期增长/% |
|---|---|---|
| | 一季度 | 一季度 |
| 租赁和商务服务业 | 7 749 | 7.9 |
| 其他行业 | 44 672 | 8.8 |

注：①绝对额按现价计算，增长速度按不变价计算；②三次产业分类依据国家统计局2018年修订的《三次产业划分规定》；③行业分类采用《国民经济行业分类（GB/T 4754—2017）》；④本表GDP总量数据中，有的不等于各产业（行业）之和，是数值修约误差所致，未作机械调整。

（来源：国家统计局，http://www.stats.gov.cn/tjsj/zxfb/202104/t20210416_1816518.html，2021年4月17日发布）

## 选择题

1．2021年第一季度的GDP增长，与上年同期相比，哪类产业的增长率最高？

A．第一产业　　B．第二产业

C．第三产业　　D．网购

2．2021年第一季度的GDP增长，与上年同期相比，金融业的增长率是多少？

A．5.4%　　B．8.0%

C．43.7%　　D．7.9%

3. 2021 年一季度的 GDP 增长，与上年同期相比，以下哪个行业的增长率最低？

A. 农林牧渔业

B. 建筑业

C. 信息传输、软件和信息技术服务业

D. 房地产业

4. 在 2021 年一季度中，以下哪个行业的 GDP 绝对额最高？

A. 住宿和餐饮业

B. 金融业

C. 信息传输、软件和信息技术服务业

D. 制造业

5. 在 2021 年一季度中，以下哪个行业的 GDP 绝对额是 24 034 亿元？

A. 交通运输、仓储和邮政业

B. 建筑业

C. 批发和零售业

D. 制造业

# 旅行中如何选择交通方式

旅行的交通方式主要有三种，分别是飞机、汽车和火车。火车包括了高铁和普通火车等。现在自助游越来越流行，人们在出游前，会想知道哪种交通方式是最好的。下面就给大家介绍一下如何选择交通方式。

第一，要看你的时间安排。如果你的时间比较多，那么你可以选择比较便宜的交通方式，比如火车和汽车。普通火车和汽车都很便宜，但是你可能需要花很多时间在路上。如果你的时间比较少，那么飞机、高铁是最好的选择。但是机票常常比较贵，高铁没有飞机那么贵，但是花在路上的时间要比飞机长。

第二，要看旅途远不远。如果目的地比较近，那么你可以选择汽车、普通火车或者高铁。如果你要去的地方很远，那么你最好选择坐飞机，但是飞机有时候会因为台风、暴雨等恶劣（èliè，bad）天气，不能准时起飞。

第三，要看你的经济能力。如果你预算充足，那么最好的选择是飞机，其次是高铁；如果你手头紧，那么你可以选择普通火车或者汽车。

以上就是这几种交通方式的特点，你可以按照自己的情况来选择。

## ? 选择题

1. 文中介绍的旅行交通方式主要有几种？

A. 二　　B. 三　　C. 四

2. 如果时间比较多，而且距离不远，可以选择哪种交通方式？

A. 飞机　　B. 高铁　　C. 汽车

3. 如果要去很远的地方，最好选择哪种交通方式？

A. 汽车　　B. 普通火车　　C. 飞机

4. 飞机会因为什么不能准时起飞？

A. 下小雨　　B. 下大雨　　C. 天气很好

5. “如果你手头紧，那么你可以选择普通火车或者汽车”，其中“手头紧”是什么意思？

A. 没有钱　　B. 很害怕　　C. 很紧张

# 如何和舍友相处

进入大学，要学会如何和舍友相处。宿舍问题处理得不好很容易发生矛盾，大家也会不开心，所以学会如何和舍友相处很重要。

首先，要做一个爱干净、讲卫生的人。宿舍生活是集体生活，舍友之间都要养成良好的生活习惯。宿舍应该定期打扫，作为宿舍的一分子要积极（jījí，actively）打扫。有了良好的环境，才会有愉快的心情。

其次，要做一个细心的人。每个人的生活习惯都不一样，要学会观察舍友的生活习惯。如果她休息比较早，那么在学习的时候，要记得把台灯的灯光调暗。同时，要注意保持安静，不要发出太大的声音，以免打扰舍友休息。尤其是调闹钟时，应该把声音调小。记得要把闹钟放得离自己近一些。

再次，要尊重对方的隐私（yǐnsī，privacy）。和舍友一起生活，应该保持一定距离。作为舍友，不应该随意打听别人的隐私，要学会尊重对方。当舍友跟你分享隐私时，不能随意告诉别人，要替舍友保守秘密。

最后，要真诚对待舍友。不管是对待朋友还是舍友，我们都应该真诚。相处的时候发现问题，要尽快沟通（gōutōng，to communicate），尽快解决。自己也要保持乐观的心态！

四年大学生活很快就过去了。宿舍生活，可能会是你难忘的一段经历，好好珍惜吧。

## ? 选择题

1. 为什么要学会和舍友相处？

A. 老师要求

B. 处理不好会有矛盾

C. 因为很简单

2. 关于宿舍，下面哪个说法是正确的？

A. 要每天打扫

B. 可以不讲卫生

C. 要积极打扫卫生

3. 为什么要做一个细心的人？

A. 每个人的习惯不一样

B. 担心舍友的安全

C. 把声音调小

4. 下列哪一项是尊重别人隐私的行为？

A. 看朋友的日记

B. 分享朋友的隐私

C. 学会保密

# 给生活带来温暖阳光

在四岁的时候，由于发高烧，我失去了听的能力。因为听不到，所以我不会说话，成了一名聋哑人。我从来没有为我是一名聋哑人而感到难过，因为我的父母给了我比别人更多的关爱。但是要上小学的时候，妈妈却告诉我，我不能跟其他小朋友一起去普通的小学，她说我要去接受特殊（tèshū，special）

教育。特殊教育是什么？难道我真的跟其他人有非常大的不同吗？

怀着忐忑的心情到了学校，我发现老师们都很热情，其他的小朋友也和我一样。我们用手语交流，我好像找到了更多的朋友。我不再是其他人眼中特殊的人了。

在这里，老师们一次又一次地帮助我们改正发音，让我们用手去感受声音的变化，指导（zhǐdǎo，to guide）我们试着去读懂他人的唇语。老师们还帮助我们学习一些生活中的知识，让我们更好地适应社会。在学校里，我的心情很愉快，感受到了大家对我们的关爱，就像是经过了寒冷的冬天，一下子迎来了春天温暖的阳光。我真的感到无比幸运和感激！

现在我可以通过文字表达我自己的想法，这都是因为学校的老师对我的帮助。虽然我还不能很好地和别人沟通，我说话的声音其他人听起来可能有些奇怪，但是我还在坚持接受特殊教育。希望以后有机会我也能够给其他人带来快乐。

## 选择题

1. “我”是因为什么失去了听力？

A. 天生就是聋哑人　　B. 发高烧　　C. 车祸撞击

2. 你认为第二段中的“忐忑”是什么意思？

A. 一种兴奋的心情

B. 一种失望的心情

C. 一种不安的心情

## 填空题

刚知道要去接受特殊教育时，“我”觉得____________。

## 问答题

你对于特殊教育有什么看法？

# 你想说什么？

有时候，和一个文化背景不同的人交流是一件很困难的事情，这就是人们经常说的跨文化交际障碍（zhàng'ài，obstacle）。有一个人打过这样一个比方：与美国人说话，就像过一座桥，直接（zhíjiē，directly）就可以到对面去，达到自己的目的；但是与中国人和日本人说话，就像要穿过一座迷宫（mígōng，maze），总是不知道对方想要说什么。事实真的是这样吗？从我的经历来看，还真是这样的！

有一次，我和一位美国的好朋友在泰国的一家餐厅吃饭，他吃饭的速度很快，所以，通常都是他吃完了，然后等着我，这一次也不例外（lìwài，exception）。等我吃完之后，他就准备招手让服务员过来买单，我看到后赶紧让他别着急，说：“坐一会儿再走吧，才刚刚吃完呢。”边说，我边偷偷地在身上四处寻找。他回答说：“好呀，但是我们可以先买单，然后再坐一会儿，为什么阻止（zǔzhǐ，to stop）我买单呢？”我想了想，对他说：“今天天气好热呀，你怎么还穿了两件衣服？”我又偷偷地往自己的背包里看了看，他觉得有点奇怪，但还是回答说：“晚上温度会下降的。”我又问：“昨天那个班的学生今天还调皮吗？”他很疑惑（yíhuò，feel puzzled），不知道我为什么问这些，回答说：“没有太大变化，咱们快走吧，我都坐了十分钟了，一会儿我还要去商店买点东西，去晚了就关门了。”虽然他着急了，但是我心里更着急，还是拖着他，说：“咱们要不然再点一些喝的，你渴吗？”朋友有些生气了：“你到底想说什么？”我很抱歉地说：“我好像没带钱出门，可以先借我 100 铢吗？”朋友听后更加疑惑了：“为什么不早说？为什么问那么多奇奇怪怪的问题？”之后，朋友帮我买了单，然后我们就回去了。

## 判断题

1. 朋友吃饭通常比“我”快，但是这一次“我”比他快。（　　）

2. “我”问朋友为什么穿两件衣服，是因为“我”真的很想知道原因。（　　）

3. 朋友可能是一位老师。(　　)

4. “我”问朋友要不要点一些喝的东西，但是朋友生气了，因为他不渴。(　　)

5. “我”偷偷地在身上寻找的是钱。(　　)

## ? 问答题

“我”为什么不让朋友喊服务员过来买单，还一直跟他聊天？

# 第十二单元

# 坐飞机如何托运行李？

一般来说，当我们搭乘飞机时，如果我们的行李箱小于或等于20寸，就可以方便地带在身边；但是，如果我们的行李箱大于20寸，就需要办理行李托运了。那么办理行李托运时，有什么需要注意的呢？

第一，人和行李不分开。在没办理托运之前，你一定要看好自己的行李。机场人多，环境复杂，要防止坏人调换行李或者把危险品放进你的行李箱，引起不必要的麻烦。因此，你应该把自己的行李箱锁好。不怕麻烦的话，可以试着多加一把锁。

第二，到机场后，你需要找到对应的航空公司的柜台（guìtái，counter）。不同的航空公司，办理的手续可能不一样。你可以在现场咨询（zīxún，to consult）一下柜台工作人员。如果你提前到，可以先去排队，等待工作人员为你办理托运。

第三，行李称重。你在购买机票的时候，需要留意自己可以免费托运多少公斤的行李。有些航空公司是不能免费托运行李的，所以在办理行李托运之前你要先了解托运价格。

第四，你要确保（quèbǎo，to ensure）自己的行李箱里没有禁运品。同时，像电池、充电宝这些易燃、易爆物品也不能办理托运。所以，为了节省大家的时间，在办理行李托运之前要确认哪一类物品是不可以办理托运的。

最后，办理好行李托运后，一定要收好自己的身份证或者护照等个人身份证明，以免丢失。办理行李托运就这么简单，你知道怎么操作了吗？

## 选择题

1. 什么样的行李箱必须托运？

A. 小于 20 寸　　B. 大于 20 寸　　C. 20 寸

2. 下面哪个说法是正确的？

A. 人和行李不分开

B. 托运可以放电池

C. 所有航空公司都能免费托运

3. 为什么在机场要把行李箱锁好？

A. 机场太复杂

B. 担心别人调换行李

C. 为了安全

4. 办理托运后，要把哪些东西收好？

A. 个人身份证明　　B. 行李　　C. 机票

# 咸粽子还是甜粽子

每年农历五月初五是端午节。现在很多人把这个节日称作龙舟节、粽子节，因为中国人纪念这个传统节日的方式，就是划龙舟和吃粽子。那么，你吃的粽子是咸的还是甜的？

在端午节应该吃咸粽子还是吃甜粽子这个问题，往往会引起全国人的争论。有的人认为，只有咸的肉粽子才最能代表这个节日，可是有的人会发出疑问（yíwèn，query）："咸的肉粽子怎么能吃？端午节当然只能吃甜粽子呀！"中国南方的一些省份，比如广东等都投咸粽子一票（投票 tóupiào，to vote），认为这一天应该吃咸的肉粽子；而中国北方的省份，例如辽宁等，认为只有甜粽子才是端午节的味道，不能接受咸粽子的味道。慢慢地，每年端午节，中国南北方人对于吃咸粽子还是甜粽子的争论，也成了这个节日的一个新的传统。

所以，是不是南方人就喜欢咸的食物，北方人就喜欢甜的食物呢？情况并没有这么简单。比如豆花，南方人通常吃的是甜的，甜豆花是广东有名的甜点，但是到了北方的陕西、北京等地，咸味和辣味才被认为是豆花应该有的味道。在豆花的问题上，好像又是南方甜、北方咸了。

中国南方和北方喜欢甜还是咸的区别，远远不只体现在粽子和豆花上。对味道的争论（zhēnglùn，debate），是中国人饮食中十分有意思的一部分。好像每一个人都有对于某一种味道的喜欢，而且都认为自己的这种喜欢是对的，是应该被别人认可（rènkě，to approve）的。但是这么多不同的口味又都能在中国的土地上共同存在（cúnzài，to exist），这不是也说明了中国的多元化和自由吗？

## 选择题

1．一般来说，广东人喜欢吃什么味道的粽子和豆花？

A．甜粽子和甜豆花

B．咸粽子和甜豆花

C．甜粽子和咸豆花

2．下面哪一个不是端午节这一天的传统习俗？

A．赛龙舟

B．吃粽子

C．吃豆花

## 填空题

1．每年农历的__________是中国传统节日端午节，又叫__________、__________。

2．一般来说，北京人应该喜欢吃________粽子和________豆花。

3. 慢慢地，每年端午节，对于咸粽子还是甜粽子的争论，也成了这个节日的一个____________。

# 幸福就是创造快乐

一个孩子问爷爷："您有花皮球吗?"爷爷说："没有。"没想到孩子觉得不满足，一口气把这个问题问了四遍。爷爷觉得有点儿奇怪，于是在连续回答了四次后问孩子："你为什么老问这个问题?"孩子说："我喜欢听您说'没有'。""为什么?""因为您的胡子一翘一翘（qiào，to become warped）的，特别有意思。"

于是爷爷笑了，胡子笑成了花——不为别的，就为了小孙子的这个美丽的"希望"。也就是从这个时候起，爷爷说话时总要努力地说几个"没有"。而且，爷爷还专门戴起了老花镜，认真地把家里的字典、词典查了一遍，就是要多找几个与"没有"发音相似的词。

一段时间过去以后，爷爷的话里果然就有了许多这类词语，比如"梅花""眉毛""玫瑰"，甚至"话梅""草莓"等，还专门在他自己创造的故事中加进了这样的话："梅花开的时候，冬天就来了，这时没有玫瑰，没有草莓，但咱们有煤（méi，coal）球，咱们能烤火，吃话梅，讲故事。你看，虽然没有梅花，没有草莓，但咱们有煤球，有故事，这多好呀!"

于是，小孙子笑了。

每次老人在小孙子面前说到这些字时，总是特别注意发音，努力地使胡子翘得高高的。小孙子听得入迷，爷爷的脸上全是笑，笑得特别幸福。

是的，幸福一点儿也不神秘（shénmì，mysterious），只要你一直想着别人，只要你真正地为别人做一些事情，你就拥有了幸福。

（来源：读书人 365，http：//www. readers365. com/huati-zuowen/01/02. htm#4，有改动）

## ? 选择题

1. 小孙子为什么问了四遍“您有花皮球吗”？

A. 好玩儿　　B. 喜欢

C. 爷爷会翘胡子　　D. 没有原因

2. 你觉得爷爷说下面哪个词语会翘胡子？

A. 皮球　　B. 故事

C. 字典　　D. 美丽

3. 怎样可以拥有幸福？

A. 努力讲故事　　B. 认真做作业

C. 为别人做事情　　D. 认真查词典

# 请离我远一点

一个周末的晚上，我和一位外国朋友一起出门散步。

我们来到一条很热闹的步行街，路的中间有很多人在卖各种各样的零食和纪念品，路的两边也有很多人在逛街。我们一边走，一边聊天，说得很开心。然后，我们要穿过一条很窄的街道，这里人还是很多，非常拥挤（yōngjǐ，crowded）。为了能让他听到我说的话，我和他挨（āi，to get close to）得很近。当我们从那条拥挤的街道走出来的时候，街上变得不拥挤了，但我还是和他离得很近。慢慢地，我觉得朋友越来越奇怪，他低着头，好像心情不好，也不说话了。过了一会儿，朋友对我说："请离我远一点，可以吗？"我听到他的话以后，有些不明白他的意思。朋友马上又说了一句"Personal distance"。我终于明白了，原来是因为我离他太近，让他感觉不舒服了，所以我向他说了"对不起"，然后离他远了一点。

这件事情让我明白，我们对"个人距离"的理解与一些国家的人不同，和外国朋友在一起的时候，我一直都用我们的方式和他交往，没有想到他是外国人，他和我的想法有很多是不一样的。

看来，国家之间的文化有很大的不同，稍微不注意可能就会产生误会（wùhuì，misunderstanding）。希望我们在跟其他国家的朋友在一起时多注意这个问题。

## 判断题

1. 朋友低着头，好像心情不好，是因为他不喜欢逛街。（ ）

2. “我”穿过拥挤的街道的时候，“我”离朋友很近，是因为“我”担心和朋友走散了。（ ）

## 问答题

1. 朋友为什么让“我”离他远一点？

2. “我”从这件事情明白了什么道理？

# 你去健身房了吗？

现在，去健身房已经成为不少都市年轻人生活中的一部分。健身房，指的是锻炼身体、保持健美身材的运动场所。健身房里有各种各样的器材（qìcái，equipment），能够满足人们锻炼的需要。

为了让大家报名健身，健身房举办了很多活动，比如打折、免费体验课等。如果买了月卡或者年卡，还会便宜很多。那去健身房具体有哪些好处呢？

第一，锻炼身体。去健身房健身是一件很有益的事情。很多现代人的身体是亚健康的，人们需要多运动，而不是每天坐在家里看电影、玩游戏。身体是革命（gémìng，revolution）的本钱（běnqián，capital）。如果不健康，我们得打针吃药，需要花很多钱和时间来照顾自己的身体。因此，锻炼身体是一件很重要的事情。

第二，减少压力。不管是学生还是上班族，现代人的生活压力都很大。一些人喜欢去健身房运动运动，出出汗。健身房对于他们来说，是一个减压的地方。因为在这里，他们可以暂时（zànshí，temporarily）忘记烦心的事。

第三，结交朋友。在健身房，你会遇到很多做各种各样工作的人。其中有些人可能会成为你的好朋友，与你一起分享生活；有些人可能会是你以后的客户（kèhù，client），给你带来一定资源（zīyuán，resource）。

随着人们对健康越发重视，健身的人一定会越来越多。如果你选择了去健身房锻炼，请不要轻易（qīngyì，easily）放弃，因为你花的是辛苦挣来的血汗钱（xuèhànqián，hard-earned money）。

## 选择题

1. 为了让大家报名健身，以下哪个不是健身房举办的活动？

A. 免费体验课　　B. 增加运动器材　　C. 打折

2. 为什么锻炼身体很重要？

A. 因为健身房会举办很多活动

B. 需要在家里看电影、玩游戏

C. 身体是革命的本钱

3. 以下哪个不是去健身房的好处？

A. 可以做生意

B. 减少压力

C. 结交朋友

4. 第六段中的“血汗钱”是什么意思？

A. 辛苦工作赚到的钱

B. 不干净的钱

C. 跟锻炼身体有关系的钱

5. 根据短文，以下哪种说法是正确的？

A. 健身房里的器材多样，能够让人们更好地锻炼

B. 只要去健身房锻炼，就不需要打针吃药

C. 去健身房的人常常容易放弃锻炼身体

# 第十三单元

# 不能吃热的食物的节日

中国除了有清明节、端午节、春节等节日以外，还有一个在清明节前一两天的节日——寒食节。这个节日很特别，那天不允许有烟火，也就是说不可以生火做饭，人们只能吃冷的食物。同时人们为了防止吃冷的东西伤害身体，节日当天还增加了一些体育活动来锻炼身体，比如踏青、荡秋千等。

寒食节已经有两千多年的历史了。中国的春秋时期，晋文公在大臣介子推的帮助下成为君主，可他当上一国之主后，却忘了介子推曾经的帮助。介子推很伤心，于是带着母亲回到家乡的一座山上生活，决定不再下山。晋文公想让他继续帮助自己，于是带人去山上找他，可介子推却不想再和他见面。晋文公知道介子推是一个孝顺（xiàoshùn，filial）的人，于是他想用火烧山，同时在山上留出一条小路，认为山中着火后，介于推和他的母亲一定会出来。可是，火烧了三天三夜，也没有见介子推母子从山里出来。

等到火灭了之后，人们才发现他们母子两个人抱着一棵大树再也醒不过来了。晋文公非常后悔。为了纪念他，晋文公决定那天人们不可以生火做饭，只吃冷的东西。没有火也就没有烟，所以这个节日也叫作“禁烟节”；又因为只吃冷的东西，又叫作“冷节”。这件事正好发生在清明节的前两天，于是到了唐朝的时候，人们把寒食节和清明节放在一起过，慢慢地人们就不太知道这个节日，只知道清明节了。现在很多中国的年轻人也都不太了解这个节日了。

**判断题**

1. 根据短文我们知道，人们认为吃冷的东西对身体不好。（　　）
2. 唐朝的时候人们就不再过寒食节了。（　　）
3. 晋文公不是故意烧死介子推母子的。（　　）

**问答题**

1. 根据短文，你觉得晋文公是个什么样的人？
2. 请你用几句话介绍一下你了解的清明节。

## 中国生活指南——禁忌篇

生活中常常有一些人们不可以做的事情或不可以说的话，这是禁忌（jìnjì，taboo）的一部分。比如说，在一些国家或地区，人们不喜欢“13”这个数字，于是人们会避免（bìmiǎn, to avoid）说13，甚至一些楼房也没有第13层。又在另外一些国家或地区，喝酒是不允许的，喝酒是当地日常生活中的一个禁忌。在中国，不同地方有着各种不同的禁忌。

首先，在中国的某些地方，人们认为一些数字是不吉利的，于是他们会尽量少用或不用这些数字。比如说“4”，在普通话和粤方言中，“4”和“死”这个词发音相似，所以有些大楼里面，第4层在电梯里写成“3A”层；有些医院里也避免写4号房、4号床等；甚至在微信中发红包也很少发4这个数字的金额。

其次，送礼物也是有禁忌的，有些东西不可以当礼物送。比如各种各样的钟，在普通话中，“送钟”和“送终”同音，而“送终”的意思是送去世的亲人或者朋友离开。所以在中国的一些地方，人们认为送钟作为礼物，是一件很不礼貌、很不吉利的事情。同样地，和朋友分享一个梨在中国的一些地方也被认为很不吉利，因为“分梨”和“分离”发音一样，所以当你试着和一个中国朋友分梨吃的时候，他也许会笑话你是不是要和他“分离”或者“分手”。

另外，一些重要节日里也有禁忌。比如在春节的时候就有很多禁忌，在这个大部分中国人一年中最重要的节日里，人们不可以说不吉利的话，也不可以做不吉利的事情，大人会教小孩儿说很多祝福的话。因为人们相信，一年只有有了一个好的开头，才会顺顺利利、平平安安，相反，如果在过年的时候做了不好的事情，说了不吉利的话，可能会给新的一年带来厄运（èyùn, bad luck）。

禁忌是很多地方的文化中的一个重要组成部分，也是当地人生活的一种方式，了解了当地文化中的禁忌，才能更好地了解当地人的生活。

## 问答题

1. 为什么有些地方的人不喜欢“4”这个数字？从哪里可以看出来当地人不喜欢“4”？

2. 根据短文，什么东西不可以当礼物送？

3. 第四段中的“厄运”可能是什么意思？

4. 在你的国家或者你的文化里，有哪些独特的禁忌？请举例简单说一说。

# 世界地球日

4月22日是世界地球日。爱护环境、保护共同的地球需要我们的行动。人类只有一个地球，怎样保护我们的蓝色家园（jiāyuán，homeland）呢？我们在生活中的这些行动，能让地球变得更加美好。

第一，绿色出行，环保又健康。近年来绿色出行慢慢被人们接受。在生活中，我们可以多试着步行、骑自行车或者坐公共交通工具出行，减少使用汽车。在天气晴朗的时候，大家也可以多去公园骑车、散步，既锻炼了身体，放松了心情，也减少了污染。

第二，少用塑料袋，保护土地和空气。塑料袋对土地的污染非常严重。保护环境，我们要减少塑料袋的使用，出门带上可以重复利用的购物袋。同时，尽量少使用一次性的东西。

第三，节约用纸，保护森林。在工作、生活中，我们要用很多的纸。我们都知道，纸是用树木做成的，纸用得越多，树木数量减少的速度就越快。节约用纸要从小事做起：如打印文件可以双面打印；用过的纸张可以再一次使用它的反面；合理用纸，拒绝过量使用；衣服口袋里装块手帕，减少使用纸巾等。

第四，节约用水，一滴都不能少。节约用水，我们要从生活的点点滴滴做起。例如，在家庭中马桶的用水量最大，过去许多家庭把废水直接倒掉，现在大家都开始用废水来冲马桶。

（来源：新华网，http：//www. xinhuanet. com/politics/2018 - 04/22/c - 12985471. htm，有改动）

## 选择题

1. “绿色出行”指的是哪种出行方式？

A. 步行　　B. 骑自行车

C. 坐公共交通工具　　　　D. 以上都是

2. 在日常生活中怎样减少塑料污染？

A. 减少使用塑料袋

B. 拒绝使用重复利用的购物袋

C. 多使用一次性物品

D. 以上都是

3. 关于节约用纸，下面哪一项不正确？

A. 双面打印　　　　B. 纸张的反面也可以使用

C. 多使用纸巾　　　　D. 口袋里放一块手帕

### 问答题

请谈谈你在生活中是如何保护环境的。

## 语言的魅力

一天中午，在人来人往的街头，站着一位老妇人。她穿得很破旧，弯着腰，头发是白色的。她是个盲人，在路边请求别人给她钱。在她身边有一块牌子，上面写着："我什么也看不见！"

这时，一位著名的诗人走到她的旁边，弯下身体问道："老人家，今天给你钱的人多吗？"老人失望地说："我……今天什么也没有得到。”诗人听了，拿出笔，悄悄地在木牌上加了“春天到了”几个字。他把身上带的所有的钱全给了老人，说：“这些钱够你吃一顿饭了。”

晚上，诗人又经过了这条街。他看到很多人经过这块木牌时都停了下来。无论是老人、小孩儿，还是年轻的男女，都拿出自己身上的钱送给老人。诗人远远地看着，脸上露出了开心的笑容，然后什么也没说，转身离开了。

“春天到了，我什么也看不见！”诗人只是在原来那句话的前面加了几个字，竟然有这么大的魅力（mèilì，charm）！是呀，春天是美好的，那蓝天白云，那绿树红花，怎么不叫人陶醉（táozuì，be enchanted）呢？但是这一切，对于一个盲人来说，没有任何意义，她的眼前是一片黑暗。这是多么可怜的事啊！当人们想起这个贫穷的老人连这么美丽的春天都从来没看过时，怎么能不对她产生同情（tóngqíng，sympathy）之心呢？

## ? 问答题

1. 根据文章可知，老妇人有什么外貌特点？
2. 诗人对木牌上的文字作了什么改动？
3. 为什么人们会在看到牌子之后纷纷停下来？

# 篮球俱乐部

篮球，是中国青少年最喜爱的体育运动之一。在校园篮球场上，我们随时都可以看到大家打篮球的身影（shēnyǐng，figure）。为了更好地培养自身的兴趣，我们成立了一个篮球俱乐部（jùlèbù，club）。

下面我来介绍一下我们篮球俱乐部的情况。

首先，在老师的支持下，很多喜欢打篮球的学生不断地加入俱乐部。因为人数很多，所以大家被分成了四支队伍。其次，不少啦啦队成员也加入了俱乐部。当要进行比赛时，啦啦队成员可以给大家加油打气。

成员们要遵守俱乐部的规章制度。平常要按时参加训练或活动，如果有特殊情况，需要提前告诉队长。成员之间要互相团结（tuánjié，united），不能闹矛盾（máodùn，conflict）。如果有矛盾，需要向队长反映并及时解决。

一般来说，俱乐部每两周会组织一场篮球赛。成员们可以自愿报名参加。参加比赛的同学，不能因为篮球赛而影响学习。比赛结束后，篮球老师会总结同学们的问题，并指导训练。

俱乐部成员每学期需要交一百元的会费。这些钱主要用于租借场地、篮球器械以及比赛用品等。所花的每一笔钱都有专人记录，期末的时候再向俱乐部的成员们公布。

在篮球俱乐部里，你不仅能遇到和你有共同兴趣爱好的人，还可以提高自己的球技。心动不如行动，快来加入篮球俱乐部吧！

## ? 选择题

1. 为什么会成立篮球俱乐部？

A. 老师们成立的　　B. 学生感兴趣　　C. 因为很有钱

2. 啦啦队要做什么？

A. 加油　　B. 提供资金　　C. 打篮球

3. 俱乐部多久会组织一场篮球赛？

A. 两天　　B. 两个月　　C. 两个星期

4. 俱乐部成员为什么要交会费？

A. 一起吃饭　　B. 买篮球器械　　C. 买足球

5. 下列哪个说法是正确的？

A. 篮球很受欢迎

B. 俱乐部有十支队伍

C. 成员可以请假去打球

# 第十四单元

# 神农尝百草

很久以前，人们吃野草，喝生水，食用树上的野果子，吃地上爬行的小虫子，所以常常生病、中毒或者受伤。神农知道之后，感到很着急，但是他也没有什么治病的办法。后来他试了一下草和树木的叶子的味道，发现草木有酸甜苦辣等各种味道。他就把带有苦味的草给咳嗽的人吃，这个人的咳嗽症状立刻减轻了不少；把带有酸味的草给肚子不舒服的人吃，这个人的肚子就不疼了。

有一天，神农在树下休息，看到一种树叶，刚好他口渴了，就摘了几片放在嘴里咀嚼。吃着吃着，他感觉真的不渴了。他发现这种小叶儿除了能解渴，还能解毒，这让他很高兴，他决定如果中了毒，就吃这种叶子。神农尝百草，经常会中毒，都是这种叶子救了他。这种叶子就是我们现在喝的“茶”了。

据说，他尝过的花、草、根、叶有三十九万八千种。他下决心要尝遍所有的草，找出每一种草的用处。这一天，他忽然发现一种“爬”在树上的植物，开着一朵朵黄色的小花，那叶子还会一张（zhāng，to spread）一缩（suō，to shrink）地动，他感觉奇怪极了，就摘了一些叶子放在嘴里咀嚼。谁知这是一种毒性非常大的药草，叫断肠草。神农就这样去世了。人们为了纪念（jìniàn, to commemorate）神农，称他为“药王神”。

## 选择题

1. “神农尝百草”的“尝”是什么意思？

A. 听　　B. 看　　C. 吃

2. 神农知道人们常常生病、中毒或者受伤以后是怎样做的？

A. 他一开始就知道很多办法

B. 摘“茶”给他们吃

C. 很着急，但是也没有治病的办法

3. 神农把什么味道的叶子给肚子不舒服的人吃？

A. 酸味　　B. 苦味　　C. 辣味

4. “咀嚼”是什么动作？

A. 洗东西　　B. 看东西　　C. 吃东西

5. 根据短文，以下哪种说法是错的？

A. “茶”是神农发现的

B. 神农只用茶叶来解渴，没有用茶叶来解毒

C. 神农希望尝遍所有的草

D. 神农是被断肠草毒死的

# 穷 游

穷游，指的是想办法花最少的钱去旅游。其中的“办法”有很多，有好有坏。对于这个话题，公说公有理，婆说婆有理，所以常常被拿来讨论。

支持者认为，穷游是一件很酷（kù，cool）的事情，是一种时尚的旅游方式。因为你可以花更少的钱，和别人去一样的城市，感受和别人一样的旅游经历。穷游，不代表你没有钱去旅游，而是你的金钱观念不一样。你可能是懂得如何生活，如何锻炼自己的人。在旅游的时候，你可能会遇到很多困难，这是很好的锻炼机会。你还可能遇到一群新朋友，你们可以一起出游，一起分享人生故事。

但是反对者认为，穷游并不是一件很好的事情。虽然你省下了钱，但是你有可能麻烦了别人。比如说你去当地朋友家住宿，给别人添了麻烦。而且如果你在旅游中想省钱的话，可能会玩得不那么高兴。最重要的是，你在旅途中遇到的朋友可能不是“真朋友”。如果你的社会经验不足，那么你很有可能遇到危险。

## 选择题

1. “穷游”是什么意思？

A. 贫穷的时候去旅游

B. 花很少的钱去旅游

C. 有钱的时候再去旅游

2. 怎样理解第一段中的“公说公有理，婆说婆有理”？

A. 双方说的都有道理

B. 双方说的是一样的

C. 男的和女的说的不一样

3. 为什么有些人支持穷游？

A. 因为穷游很酷

B. 有金钱观念

C. 因为穷游玩得更高兴

4. 下列哪一项是“我”同意的？

A. 穷游很时尚

B. 穷游代表你很穷

C. 穷游一定会交到朋友

5. 穷游有什么不好？

A. 省了很多钱

B. 玩得很高兴

C. 麻烦别人

# 5G 时代

现代科技的发展越来越快，转眼间，5G 时代就要来了。那么，5G 是什么，能给我们的生活带来什么变化呢？

从 1G 到 4G，主要解决的是人与人的交流问题，而 5G 要解决（jiějué，to solve）的是人和物、物和物的交流问题。4G 改变的是生活，而 5G 改变的是社会。在 5G 时代，网速将比 4G 快数百倍，而且更加稳定，下载一部电影只需要几秒钟。另外，很多奇妙的事情都会在 5G 时代发生。

例如，人工智能（réngōng zhìnéng，AI，Artificial Intelligence）会根据天气预报来改变房间里面的温度；我们不需要自己打扫卫生；人工智能能够根据主人的习惯来决定要不要开灯，要不要播放音乐，甚至根据主人的心情来决定播放什么样的音乐。人们不再需要去医院，通过网络就能和医生交流。医生在一些设备的帮助下，甚至能够远程给病人做手术。在 5G 时代，所有的汽车都能够自动驾驶，我们都不用自己开车了，只需要坐在车上休息、玩乐。

5G 时代能实现这么多人们想不到的事情，你是不是很希望这一天的到来呢？

## 判断题

1. 5G 时代关注的是人与人交流的问题。(　　)
2. 5G 时代，人们还是要自己打扫卫生。(　　)
3. 5G 时代会发生很多奇妙而且令人意想不到的事情。(　　)
4. 以后的汽车仍然需要我们自己驾驶。(　　)
5. 5G 时代，医生能给距离很远的病人做手术。(　　)

# 我爱夏令营

今年暑假，学校开展了广东夏令营活动。广东是我一直很想去的地方。在爸爸妈妈的鼓励下，我报名参加了这次夏令营活动。在这次活动中，我们每天的行程都很满。虽然有点累，但是我们玩得很开心。

第一天早上，我们学习了中国武术。老师教我们太极拳和双节棍（shuāngjiégùn，nunchakus）。双节棍有点儿难，一开始我们都不知道要怎么练，结果打到自己身上，那种感觉可真疼。下午的时候，我们学了书法。老师教我们怎么写毛笔字。我写了一个大大的“福”字，不过看起来有点儿丑。

第二天，我们去了深圳锦绣中华民俗文化村。这里有很多著名景点的微缩版，像长城、故宫等。如果你想快些了解中国的景点，你可以到这儿来游玩，因为在这里能看到各地的景点。但是有个遗憾的地方，就是这些景点都只是些模型。看完这些微缩景点之后，我们还去看了表演。这里有中华传统服装表演，我们看到了很多传统的漂亮服装，而且灯光也很漂亮。

第三天，我们上了中华传统的茶艺课。老师在课上教我们如何喝茶，怎样区分不同的茶，我觉得这个很有意思。下午，我们参加了一个关于“广州美食”的讲座（jiǎngzuò，lecture）。在这次讲座中，我了解到了广州人的饮食习惯，还有他们的早茶文化。

接下来的四天中，我们主要逛了一些当地有名的景点，像陈家祠、岭南印象园等。我印象最深刻的是珠江夜游。这里的灯光漂亮极了，而且我们乘坐的船也很有特色。

一个星期的夏令营很快就结束了。这么有趣的夏令营，我们怎能不喜欢呢？

## ? 选择题

1. “我”觉得夏令营怎么样？

A. 行程太少了

B. 我不是很想去

C. 有点累，但是很开心

2. “我们”学的双节棍怎么样？

A. 有点儿难

B. 太简单了

C. 不用练习

3. 去哪个地方让“我”很快地了解到中国的著名景点？

A. 长城

B. 故宫

C. 深圳锦绣中华民俗文化村

4. 第三天我们没有学习什么？

A. 饮食文化　　B. 武术　　C. 茶文化

5. 哪个景点或活动让我印象最深刻？

A. 陈家祠　　B. 珠江夜游　　C. 岭南印象园

# 大声吃饭还是小声吃饭？

每天吃饭的时候，你观察过大家吃饭的方式吗？或者，你注意过大家吃饭的声音吗？

一般认为，吃饭的时候，咀嚼发出很大的声音是不礼貌的行为。在西方一些有严格的餐桌礼仪的国家，吃饭时只允许（yǔnxǔ，to allow）有轻微的餐具碰撞的声音。如果吃饭时嘴巴发出很大的声音，会被认为没有教养，是对主人的不尊敬。但是你知道吗？在世界上一些国家的一些场合则刚好相反，例如在韩国和日本，吃面的时候可以大声地把面一下子吸进嘴里，这不仅是对食物味道的认可，也是对厨师或者主人厨艺的一种肯定，这种方式也是在向制作食物的人表达谢意。当然，很大声地吃面，也能感染（gǎnrǎn，to influence）旁边的人，让他们对将要吃的食物充满期待（qīdài，expectation）!

那么，在中国又是怎样的情况呢？一般来说，中国人也是有严格的餐桌礼仪的，所以在一些正式的场合，大家吃饭的时候通常都比较小声。不过也有例外，情况也比较复杂。例如有人认为，南方和北方是有差别的。一方面，中国的北方人吃面食比较多，所以和韩国、日本吃面的情况差不多，大声地把面吸进嘴里能表达对食物和做食物的人的赞美；另一方面，通常中国北方人被认为性格是比较豪迈（háomài，bold and generous）的，这种吃面的方式也符合（fúhé，accord with）这样爽快（shuǎngkuài，straightforward）的性格。而在中国南方，大家以吃米饭为主，安静地吃饭被认为是符合规矩的，当然，这也和一些人所认为的中国南方人性格比较温和有关。

在你的国家吃饭，情况又是怎么样呢？

## ? 判断题

1. 一般认为，吃饭时咀嚼发出很大的声音是不礼貌的行为。(　　)

2. 一个人可不可以大声吃饭，跟一个国家的习惯有关系。（　　）

3. 在韩国的拉面店里大声吃面能说明你觉得拉面的味道很好。（　　）

4. 在中国南方的餐桌上，大声地吃饭也是符合规矩的。（　　）

## ? 问答题

在哪些地方，大声吃东西是一种可以被接受的行为？

# 第十五单元

# 中国生活指南（zhǐnán, guide）——习俗篇

怎么样去了解一种文化呢？最好的方式应该是去了解这种文化中的某种习俗。比如，通过认识圣诞节（Christmas）的习俗，人们可以了解基督教文化；通过认识斋月（Ramadan）的习俗，人们也能了解伊斯兰教文化。习俗不仅仅体现在节日上，它还包括很多方面，不同的地方、不同的民族，习俗也不一样。而在中国，有一些习俗十分有趣。

你也许知道中国人很爱喝白酒。中国人平均一年要喝掉300亿公斤（30 000 000 000 kg）白酒。在酒桌上，中国人也有喝酒的习俗。比如年纪大的人要先坐，而且要坐在尊贵的位置。此外，如果你要向别人敬酒，那么你的酒杯碰到别人的酒杯时，最好放低一点，表示尊敬。如果能一口就喝完一杯酒，说明你很真诚。当然，酒喝多了很伤身体，还是少喝一点儿比较好。

你也许还知道中国有很多传统的节日，比如端午节、中秋节、春节等，这些节日有很多习俗，这里就不一一介绍了。但你听过光棍节吗？在过去的二十年里，过光棍节也慢慢地变成了中国人，尤其是中国年轻人的一项习俗。每年的11月11日，是中国民间的光棍节。人们越来越多地关注这一天，不仅

仅因为这一天会让人想起单身的话题，更因为这一天是网络购物的狂欢（kuánghuān，revelry）之日。2018 年 11 月 11 日一天之内，淘宝网的营业额（yíngyè'é，turnover）就达到了 2 135亿元人民币，所以，这一天对于大多数中国年轻人来说，习俗就是买！买！买！

中国不仅历史悠久（yōujiǔ，long），而且国土面积大，有 56 个民族共同生活在这里，所以中国人的习俗文化就像一个有趣的宝库（bǎokù，treasure-house），等待更多的人来发现。

## 填空题

1. 通过认识＿＿＿＿＿的习俗，人们可以了解基督教文化，通过＿＿＿＿＿的习俗，人们也能了解伊斯兰教文化。

2. 中国人很爱喝＿＿＿＿，平均一年要喝掉＿＿＿＿公斤白酒。

3. 中国有很多古老而传统的节日，比如除了春节，还有中国农历五月初五的＿＿＿＿＿＿、＿＿＿＿＿＿的中秋节等。

## 问答题

1. 中国人的酒桌上有哪些习俗？

2. 每年的 11 月 11 日是什么日子？这一天人们通常会做

什么？

3. 你还知道中国其他的一些有趣的习俗吗？

4. 你的国家或者你的文化里有哪些有趣的习俗？

# 清洁能源

我们现在所在的时代是一个“能源（néngyuán，energy sources）时代”。我们要用的手机、电视、洗衣机等电器，外出需要乘坐的汽车、火车，工作时需要使用的电脑等，都需要能源。今天，人们越来越重视能源问题。

目前全球利用的能源主要是化石（huàshí，fossil）能源，但是化石能源不可以再生，也就是说使用完就不会再出现，所以化石能源总会有用完的时候。有研究说，全球的石油（shíyóu，petroleum）还可以使用 40 多年。另外，使用化石能源时会产生污染气体，对人体健康有害，而且会导致气候变暖等环境问题。

现在人类开始研究化石能源的替代品（tìdàipǐn，substitute goods），慢慢把目光转向了可再生的清洁能源。清洁能源是指不产生污染、能够直接用于生产生活的能源，主要包括核能（hénéng，nuclear energy）和其他的可再生能源，如太阳能、风能、水能等。这些绿色能源对环境的坏处很小，甚至没有坏处，而且不用担心会有用完的时候，能满足人类生活、生产的需要。此外，使用清洁能源需要投入（tóurù，to invest）的资金少，价格低。因此使用清洁能源已经成为人类以后的发展方向。

## 选择题

1. 目前人类主要利用的能源是什么？

A. 化石能源　　B. 可再生能源

C. 清洁能源　　D. 新能源

2. 化石能源的缺点是什么？

A. 会有用完的时候　　B. 产生污染

C. 对人体健康有害　　D. 以上都是

3. 下面哪一种能源不属于清洁能源？

A. 太阳能　　B. 风能

C. 水能　　D. 石油

4. 以下哪个是清洁能源的特点？

A. 对环境危害小　　B. 不用担心会用完

C. 投入少，价格低　　D. 以上都是

# 怎样购买机票？

购买机票主要有两种方式，一种是他人购买，一种是自己购买。现在很多人都是自己在网上购买，因为这样既简单又省钱。那么，在网上买机票的时候，我们需要注意什么呢？

首先，你要明白什么是单程和往返。单程只是去目的地或者从目的地回来，而往返则包括了去和回两趟。如果你去旅游的话，有时候买往返机票会很便宜。你可以根据自己的情况来选择。

其次，当你购买机票时，你要确认好自己的信息是否准确。目的地、出发时间以及航班信息都需要仔细看清楚。网页上有很多机票信息，其中有些很便宜，但有些却很贵。那是因为它们是不同航空公司的。航空公司（hángkōng gōngsī，airline）分为两种，一种是廉价航空，一种是普通航空。廉价（liánjià，low-cost）航空比较便宜，但不能免费托运行李，也没有免费的餐饮；而普通航空则相反。所以在购买机票的时候，一定要看清楚机票信息，避免不必要的麻烦。

再次，在填写个人信息时，要注意选择乘机人，并提供其身份证号或者护照号，同时填写乘机人的手机号码，方便乘机人接收机票信息。此外，你可以根据自己的需要来选择是否购买保险。

最后是付款，付款之后就完成购票了。出票后，你就可以用身份证或者护照在指定时间去换登机牌。

## 选择题

1. 网上购买机票有什么好处？

A. 很麻烦　　B. 花很多钱　　C. 简单又省钱

2. 第二段中的“往返”是什么意思？

A. “去”和“回”　　B. 只是“去”　　C. 只是“回”

3. 购买机票时，需要注意检查什么信息？

A. 航班信息　　B. 登机牌　　C. 在哪儿买票

4. 为什么有的机票比较便宜？

A. 打折

B. 航空公司不一样

C. 没人买

5. 购买机票时，需要填写哪些个人信息？

A. 手机号码

B. 身份证号或护照号

C. 以上都要

# 难忘的欢送会

因为父母工作的原因，我们班上的吴静同学要转学到上海了，同学们都很舍不得她。于是，全班决定为她举办一个小小的欢送会，老师也同意了这个决定。我们的欢送会定在周五的下午。

周五这天，我们简单地布置了教室。欢送会在班长的主持下开始了。班长先给我们播放了一段视频。这段视频记录了我们班同学一起学习、生活的情景。看到我们以前参加活动时一起努力的样子，大家的眼中都泛着泪花。

为了让气氛更加轻松、活跃（huóyuè，active），有同学直接表演起了节目，大家笑个不停，还有几个同学陆续（lùxù，one after the other）加入表演，悲伤的气氛一下子就消失了。表演结束后，我们全班坐在一起聊天。大家聊自己的理想，还有自己向往的生活。每个人都对未来有着美好的期待。

到了欢送会的尾声，吴静同学对大家说："很感谢大家为我举行这个欢送会，我很感动。看到视频时，我才感受到原来我们这个大家庭这么团结，这么幸福。虽然我快要离开这座城市了，但是我的心会和大家永远在一起。我们是永远的（1）班。"听了这些话，大家都很难过。班长把全班同学一起准备的礼物送给了吴静同学。里边有我们一张张笑脸的照片，还有我们对吴静同学的祝福。虽然我们即将（jíjiāng，be about to）分开，但是不管走到哪儿，我们的友情都不会散。

## 选择题

1. 第一段中的“转学”是什么意思？

A. 去别的地方学习

B. 毕业了

C. 去别的班学习

2. 什么时候举行欢送会？

A. 周六上午　　B. 周五下午　　C. 周五上午

3. 班长准备了什么视频？

A. 明星的视频

B. 节目的视频

C. 全班学习、生活的视频

4. 表演结束后，“我们”做了什么？

A. 聊天　　B. 回家　　C. 送礼物

# 我叫“张谷歌”

“喂，您好！请问是张谷歌先生吗？我们这里是×××地产（dìchǎn，real estate）公司，我们现在在广州×××地段有高质量的公寓（gōngyù，apartment）出售（chūshòu，to sell），请问您有兴趣吗？”

在中国，似乎每个人都被类似（lèisì，similar）这样的电话骚扰（sāorǎo，to harass）过，有些是卖房子的，有些是卖保险的，还有些更恶劣，是用电话来骗人的。这些电话有时会在上课的时候响起，有时会在开会的时候响起……当我们接起电话，以为有重要的事情时，听到的却是各种推销的声音，这难免会让人感到失望和不开心。在这种情况下，我们肯定会觉得奇怪：这些人是怎么知道我的电话号码和姓名的呢？我没有把我的名字和联系方式告诉过这些人呀！

这就是信息安全的问题，我们在网站或App上输入自己的信息时，这些信息可能是不安全的。首先，网络中的信息可能被黑客（hēikè，hacker）获得，然后黑客再把这些偷来的信息卖给有需要的人。此外，有些网站和App会把收集来的信息卖给别人，来挣更多的钱。这样就导致（dǎozhì，result in）了虽然我们没有主动告诉别人我们的信息，很多人还是知道了我们的姓名、电话和邮箱。

因此有人就想出了办法来找出使自己信息泄露（xièlòu, to reveal）的网站。在网站需要用户输入个人的信息时，有人填写了假的名字，比如"张谷歌"，说明这个名字是在谷歌网上使用的，如果有人打来电话叫自己"张谷歌"，就表明自己在谷歌网上的信息被泄露了。

## 问答题

1. 根据文章，个人的信息是怎么被泄露的？

2. 你有没有被这样的电话骚扰过呢？说一说你是怎么防止自己的信息泄露的。

3. 你觉得信息泄露的危害是什么？

# 第十六单元

# 猜灯谜

猜灯谜是从中国古代就开始流行的元宵节活动。每到农历正月十五，人们都会挂灯笼，后来有人把谜语写在各种颜色的灯上让人猜，这慢慢地就成为元宵节的活动之一。关于这项活动为什么会流行，民间还有个有趣的故事。

古代有个很有钱的人，人们叫他“笑面虎”。他有个缺点，就是看不起穷人。有个叫王少的青年穿上破衣服去他家借粮食时，被他赶了出去。王少回去后越想越生气，在元宵节的晚上，做了个大灯笼，在灯上写了一些字，来到笑面虎家里。这笑面虎走过去看，灯笼上面写着：“头尖身细白如银，论秤没有半毫分。眼睛长到屁股上，光认衣裳不认人。”

笑面虎看了，非常生气，大声说：“你竟然敢骂我！”一边说一边去抢灯笼。王少笑着说：“我怎么骂你了？我这四句诗是个谜，谜底就是‘针’，你想想是不是？这‘针’怎么是说你呢？难道是‘针’对你说的？不是这样的话，你又怎么知道说的是你呢？”笑面虎一想，没有任何办法，只好走了，周围的人都大声笑了起来。

到了第二年元宵节，人们都学王少，把谜语写在不同颜色的灯上让人猜，后来猜灯谜成了元宵节的重要活动。

（来源：万家便民，http：//365jia. cn/news/2019 - 02 - 18/138E0BD66746559F. html，有改动）

## 判断题

1. 猜灯谜是中国现在才有的活动，古代是没有的。（　　）
2. 王少的四句诗说的只是“针”，并没有骂笑面虎。（　　）
3. 笑面虎因为知道灯谜说的不是他，所以才走的。（　　）

## 填空题（猜灯谜）

1. 运动会上都有（打一字）——（　　）
2. 大雨下在横山上（打一字）——（　　）
3. 明天日全食（打一字）——（　　）
4. 顶破天（打一字）——（　　）

# 难忘的毕业典礼

很快，四年大学生活就要结束了。六月，是我们的毕业季。大家既高兴又伤心，心情很复杂，因为这是我们校园生活的最后一段日子了。

举行毕业典礼的早上，大家起得很早，一大早就开始打扮。在这一天，我们需要穿上学士服，戴上学士帽，这是毕业典礼应该穿的衣服。穿好衣服后，我们便开始约朋友一起去拍照。我们在这里生活了四年，学校的每个地方都有我们的故事，所以我们想记住这些地方。照片就是最好的保存记忆的方式。

当我们走进礼堂的时候，熟悉的校歌正播放着，同学们便跟着唱了起来。主持人宣布毕业典礼开始时，校长和老师们一个个地走进了礼堂，大家都鼓起了掌。大学四年里，老师们为我们做了很多事情，他们爱我们就像爱自己的孩子一样。当看到班主任走进来的时候，不少同学流下了眼泪。接着，校长上台给我们做了一个简单的演讲，这是我们毕业前的最后一堂课，里面有老师对我们的期望，也有对我们深深的祝福。最让人激动的是发毕业证书。我们排着队上台，校长一个个地帮我们拨穗（bōsuì，to turn of the tassel），还很亲切地和我们拍照。从校长手中接过毕业证书的那一刻，我知道我已经毕业了。

毕业典礼结束后，我们全班一起拍照留念。这是班级最后一次大合照，也是我们四年大学生活的一个句号。从此，我们就要告别校园，开始新的生活了。

## 选择题

1. 为什么大家在毕业季的心情很复杂？
A. 很快就要毕业了
B. 夏天太热了
C. 不喜欢夏季
2. 毕业典礼要穿什么衣服？
A. 运动服
B. 学士服
C. 都可以
3. “我”为什么想去拍照？
A. 天气很好
B. 喜欢拍照
C. 纪念
4. 下列哪一项是正确的？
A. 班主任做了演讲
B. 班主任帮我们拨穗
C. 大家很喜欢班主任

## 问答题

请谈谈你希望的毕业典礼是怎样的。

# 四大发明

中国古代的四大发明分别是印刷术、造纸术、指南针和火药。这些发明不仅在中国历史上起了非常大的作用，而且影响了整个世界。

在造纸术发明之前，人们只能在动物的骨头或者竹子上记录文字，但是都不方便。造纸术发明以后，人们能够制造容易书写的纸，加快了文化的传播（chuánbō，to spread）。

在印刷术发明之前，书本都靠人工抄写，既花时间，又容易出现错误。印刷术发明以后，文化的传播不再需要人来抄写，印刷术方便简单，提高了传播速度，推动了文化的发展。

中国人还发明了指南针，而且把它用在军事（jūnshì，military）和海洋活动中。后来指南针传到了欧洲，对欧洲的航海发展起到了非常大的作用，在指南针的影响下，欧洲的经济贸易也不断发展。

一千多年前，中国最先发明了火药。唐朝的时候，火药开始被用在军事上，最初在战争中使用。在12—13世纪，火药最先传入阿拉伯国家，然后又传到希腊和欧洲。它的发明改变了世界的历史。

## 选择题

1. 中国人发明的指南针，对欧洲哪方面的发展起到了非常大的作用？

A. 航海　　B. 政治

C. 宗教　　D. 文化

2. 12—13 世纪，火药先传入阿拉伯国家，然后传到希腊和哪个地方？

A. 中国　　B. 非洲

C. 欧洲　　D. 日本

## 填空题

1. 中国古代的四大发明是__________、__________、__________和__________。

2. 造纸术发明之前，人们在____________________上写字。

3. 中国人把火药用到__________上。

# 校 服

一直以来，很多人觉得中国的校服不好看。但是，英国一家著名博物馆却收藏（shōucáng，to collect）了深圳校服，并进行展示，让更多的人了解到深圳校服。这条新闻引起了很多的关注，校服文化也在不断地发生变化。

一般来说（yībānláishuō，generally speaking），不同的学校有着不同的校服。校服是学校的一个特色。每所学校都会根据自己的特点和需求来设计（shèjì，design）自己的校服。因此，你可以通过校服区分不同学校的学生。但深圳从 2002 年开始实行（shíxíng，to carry out）新的校服政策。深圳校服主要分为小学生款和中学生款两种不同款式。深圳市内所有小学使用同款校服，所有中学使用另一款校服。

校服的款式不是由一个人来决定的，而是由学校、设计师、家长和学生一起选出来的。设计时，人们考虑的东西很多，比如是否便宜、美观和实用（shíyòng，practical）等。因为考虑到学生们需要上体育课，有时还会参加一些运动比赛，所以设计的校服是比较宽松的，而且它的布料也很舒服，不容易坏。

穿校服有几个好处。一来可以节省很多时间；二来学生不会互相比较，看今天谁穿得更漂亮。校服是学生时代特有

(tèyǒu，characteristic）的，是学生忘不了的。但是，部分人对于校服有着不同的看法：有的人认为每个人的个性不一样，喜欢的衣服也不同，所以校服太没有个人特色了；有的人认为现在的校服不好看，而且穿着也不是很舒服，所以学生普遍（pǔbiàn，generally）不喜欢。关于校服的讨论，已有很长的历史。希望中国的校服文化能够越来越成熟，成为我们的骄傲。

## ? 选择题

1．什么新闻引起了关注？

A．校服太丑

B．博物馆有很多藏品

C．校服被博物馆收藏了

2．下列哪一项说法是正确的？

A．深圳的校服全部一样

B．深圳 2020 年才开始有校服

C．深圳有两款校服

3．校服的款式是由谁来选的？

A．学校和设计师　　B．家长

C．学生　　D．以上都是

4. 设计校服需要考虑什么问题?

A. 是否好看　　B. 是否便宜

C. 是否实用　　D. 以上都是

5. 穿校服有什么好处?

A. 省时间

B. 学生都非常喜欢

C. 学生会变得很漂亮

# 2020 年城镇非私营单位就业人员年平均工资

2020 年全国城镇非私营单位就业人员年平均工资为97 379 元，比上年增加6 878 元，名义增长① 7.6%，增速比 2019 年回落2.2 个百分点。扣除价格因素，2020 年全国城镇非私营单位就业人员年平均工资实际增长 5.2%。

分四大区域看，城镇非私营单位就业人员年平均工资由高到低依次是东部、西部、中部和东北地区，分别为 112 372 元、88 000 元、78 193 元和 77 631 元，比上年分别增长 8.0%、7.4%、6.4% 和 8.2%。最高和最低地区的平均工资之比为 1.45，与上年基本持平。

① 文中提及的增长，除特别指出外，均为名义增长。

2020年城镇非私营单位分四大区域就业人员年平均工资

| 区　域 | 2020年/元 | 2019年/元 | 增长速度/% |
| --- | --- | --- | --- |
| 东部地区 | 112 372 | 104 069 | 8.0 |
| 中部地区 | 78 193 | 73 457 | 6.4 |
| 西部地区 | 88 000 | 81 954 | 7.4 |
| 东北地区 | 77 631 | 71 721 | 8.2 |
| 合计 | 97 379 | 90 501 | 7.6 |

分行业门类看，年平均工资最高的3个行业分别是信息传输、软件和信息技术服务业（177 544元），科学研究和技术服务业（139 851元），金融业（133 390元），分别为全国平均水平的1.82倍、1.44倍和1.37倍。年平均工资最低的3个行业分别是农、林、牧、渔业（48 540元），住宿和餐饮业（48 833元），居民服务、修理和其他服务业（60 722元），分别为全国平均水平的50%、50%和62%。

从增长速度看，年平均工资增速最高的3个行业依次为农、林、牧、渔业，公共管理、社会保障和社会组织，信息传输、软件和信息技术服务业，分别增长23.4%、10.7%和10.0%。增速最低的3个行业依次为住宿和餐饮业（下降3.0%），居民服务、修理和其他服务业（增长0.8%），金融业（增长1.5%）。

2020 年城镇非私营单位分行业就业人员年平均工资

| 行业 | 2020 年/元 | 2019 年/元 | 增长速度/% |
| --- | --- | --- | --- |
| 农、林、牧、渔业 | 48 540 | 39 340 | 23.4 |
| 采矿业 | 96 674 | 91 068 | 6.2 |
| 制造业 | 82 783 | 78 147 | 5.9 |
| 电力、热力、燃气及水生产和供应业 | 116 728 | 107 733 | 8.3 |
| 建筑业 | 69 986 | 65 580 | 6.7 |
| 批发和零售业 | 96 521 | 89 047 | 8.4 |
| 交通运输、仓储和邮政业 | 100 642 | 97 050 | 3.7 |
| 住宿和餐饮业 | 48 833 | 50 346 | -3.0 |
| 信息传输、软件和信息技术服务业 | 177 544 | 161 352 | 10.0 |
| 金融业 | 133 390 | 131 405 | 1.5 |
| 房地产业 | 83 807 | 80 157 | 4.6 |
| 租赁和商务服务业 | 92 924 | 88 190 | 5.4 |
| 科学研究和技术服务业 | 139 851 | 133 459 | 4.8 |
| 水利、环境和公共设施管理业 | 63 914 | 61 158 | 4.5 |
| 居民服务、修理和其他服务业 | 60 722 | 60 232 | 0.8 |
| 教育 | 106 474 | 97 681 | 9.0 |
| 卫生和社会工作 | 115 449 | 108 903 | 6.0 |
| 文化、体育和娱乐业 | 112 081 | 107 708 | 4.1 |
| 公共管理、社会保障和社会组织 | 104 487 | 94 369 | 10.7 |
| 合计 | 97 379 | 90 501 | 7.6 |

分登记注册类型看，年平均工资最高的是外商投资单位

（112 089 元），为全国平均水平的 1.15 倍；年平均工资最低的是集体单位（68 590 元），为全国平均水平的 70%。

从增长速度看，港澳台商投资单位年平均工资的增速最高，增长 9.7%。除国有、集体和港澳台商投资单位以外，其他单位的平均工资增速均低于全国平均水平。

**2020 年城镇非私营单位分登记注册类型就业人员年平均工资**

| 登记注册类型 | 2020 年/元 | 2019 年/元 | 增长速度/% |
|---|---|---|---|
| 国有 | 108 132 | 98 899 | 9.3 |
| 集体 | 68 590 | 62 612 | 9.5 |
| 有限责任公司 | 84 439 | 79 515 | 6.2 |
| 股份有限公司 | 108 583 | 103 087 | 5.3 |
| 港澳台商投资 | 100 155 | 91 304 | 9.7 |
| 外商投资 | 112 089 | 106 604 | 5.1 |
| 其他 | 74 399 | 72 494 | 2.6 |
| 合计 | 97 379 | 90 501 | 7.6 |

（来源：国家统计局，http：//www.stats.gov.cn/tjsj/zxfb/202105/t20210519_1817667.html，2021 年 5 月 19 日发布）

## ? 选择题

1. 扣除价格因素，2020 年全国城镇非私营单位就业人员年平均工资实际增长率为多少？

A. 6 878 元　　B. 7.6%

C. 5.2%　　D. 1.45%

2. 2020 年城镇非私营单位就业人员年平均工资中，与上一年相比，增长速度最慢的是什么地区？

A. 东部地区　　B. 中部地区

C. 西部地区　　D. 东北地区

3. 从行业来看，年平均工资最高的行业是什么？

A. 科学研究和技术服务业

B. 建筑业

C. 信息传输、软件和信息技术服务业

D. 金融业

4. 从增长速度看，年平均工资增速最低的行业是什么？

A. 住宿和餐饮业

B. 金融业

C. 居民服务、修理和其他服务业

D. 制造业

5. 从增长速度看，什么登记注册类型就业人员的年平均工资的增速为 5.1%？

A. 港澳台商投资单位　　B. 国有单位

C. 有限责任公司单位　　D. 外商投资单位

# 生词表

| | | | | |
|---|---|---|---|---|
| | | A | | |
| 挨 | （动） | āi | 12① | 2② |
| 挨饿 | | ái'è | 5 | |
| 爱戴 | （动） | àidài | 2 | |
| | | B | | |
| 拜访 | （动） | bàifǎng | 8 | 2 |
| 榜样 | （名） | bàngyàng | 9 | 3 |
| 宝库 | （名） | bǎokù | 15 | 3 |
| 暴力 | （名） | bàolì | 10 | 2 |
| 本钱 | （名） | běnqián | 12 | 3 |
| 避开 | （动） | bìkāi | 6 | |
| 避免 | （动） | bìmiǎn | 13 | 2 |
| 鞭炮 | （名） | biānpào | 3 | 3 |
| 拨穗 | | bōsuì | 16 | |
| 不然 | （连） | bùrán | 1 | 2 |
| | | C | | |
| 裁判 | （名） | cáipàn | 6 | 2 |
| 藏 | （动） | cáng | 9 | 2 |
| 拆开 | | chāikāi | 9 | |
| 嘲笑 | （动） | cháoxiào | 5、7 | 3 |

① 单元数。

② 词语等级，来源于《汉语国际教育用音节汉字词汇等级划分》（2010）中的词汇等级划分。1：普及化等级词汇；2：中级词汇；3：高级词汇；4：高级“附录”词汇。

| | | | | |
|---|---|---|---|---|
| 称呼 | （名） | chēnghu | 3 | 3 |
| 称赞 | （动） | chēngzàn | 3 | 2 |
| 撑伞 | | chēngsǎn | 1 | |
| 惩罚 | （动） | chéngfá | 9 | 3 |
| 出版 | （动） | chūbǎn | 4 | 2 |
| 出售 | （动） | chūshòu | 15 | 2 |
| 除夕 | （名） | chúxī | 3 | 2 |
| 传播 | （动） | chuánbō | 16 | 1 |
| 瓷器 | （名） | cíqì | 4 | 3 |
| 存在 | （动） | cúnzài | 12 | 1 |
| | | **D** | | |
| 大胆 | （形） | dàdǎn | 4 | 2 |
| 导航 | （名） | dǎoháng | 4 | 3 |
| 导致 | （动） | dǎozhì | 15 | 2 |
| 地产 | （名） | dìchǎn | 15 | |
| 点燃 | （动） | diǎnrán | 3 | 2 |
| 雕 | （动） | diāo | 7 | 3 |
| 雕花 | | diāohuā | 1 | |
| 钓鱼 | | diàoyú | 6 | 3 |
| 动感 | （名） | dònggǎn | 1 | 3 |
| 端 | （动） | duān | 3 | 2 |
| 队伍 | （名） | duìwǔ | 6 | 2 |
| | | **E** | | |
| 恶劣 | （形） | èliè | 11 | 3 |
| 厄运 | （名） | èyùn | 13 | 4 |
| | | **F** | | |
| 发明 | （动） | fāmíng | 3 | 1 |
| 反映 | （动） | fǎnyìng | 8 | 2 |
| 犯错 | | fàncuò | 1 | |
| 符合 | （动） | fúhé | 14 | 2 |

| | | | | |
|---|---|---|---|---|
| **G** | | | | |
| 感染 | （动） | gǎnrǎn | 14 | 3 |
| 革命 | （名） | gémìng | 12 | 2 |
| 公寓 | （名） | gōngyù | 15 | 3 |
| 沟通 | （动） | gōutōng | 11 | 2 |
| 孤单 | （形） | gūdān | 10 | 3 |
| 鼓励 | （动） | gǔlì | 2 | 2 |
| 固然 | （连） | gùrán | 7 | 3 |
| 怪兽 | （名） | guàishòu | 3 | |
| 观察 | （动） | guānchá | 1 | 1 |
| 广泛 | （形） | guǎngfàn | 9 | 2 |
| 归 | （动） | guī | 8 | 2 |
| 柜台 | （名） | guìtái | 12 | 3 |
| **H** | | | | |
| 航空公司 | （名） | hángkōng gōngsī | 15 | 2 |
| 豪迈 | （形） | háomài | 14 | |
| 禾苗 | （名） | hémiáo | 8 | 4 |
| 核能 | （名） | hénéng | 15 | 3 |
| 黑客 | （名） | hēikè | 15 | 3 |
| 狠狠地 | | hěnhěnde | 3 | |
| 哄 | （动） | hǒng | 7 | 3 |
| 蝴蝶 | （名） | húdié | 1 | |
| 糊涂 | （形） | hútu | 3 | 3 |
| 化石 | （名） | huàshí | 15 | 2 |
| 化学 | （名） | huàxué | 5 | |
| 活跃 | （形） | huóyuè | 15 | 2 |
| 火鸡 | （名） | huǒjī | 7 | |
| **J** | | | | |
| 积极 | （形） | jījí | 11 | 1 |
| 即将 | （副） | jíjiāng | 15 | 2 |

| | | | | |
|---|---|---|---|---|
| 纪念 | （动） | jìniàn | 14 | 1 |
| 纪念品 | | jìniànpǐn | 6 | |
| 家园 | （名） | jiāyuán | 13 | 2 |
| 坚定 | （形） | jiāndìng | 3 | 2 |
| 箭 | （名） | jiàn | 6 | 2 |
| 讲座 | （名） | jiǎngzuò | 14 | 2 |
| 教训 | （名） | jiàoxùn | 1 | 2 |
| 街头 | （名） | jiētóu | 3 | 2 |
| 解决 | （动） | jiějué | 14 | 1 |
| 解剖 | （动） | jiěpōu | 6 | 3 |
| 尽情 | | jìnqíng | 7 | 3 |
| 禁忌 | （名） | jìnjì | 13 | 3 |
| 经典 | （形） | jīngdiǎn | 4 | 2 |
| 惊叹 | （动） | jīngtàn | 3 | 3 |
| 景点 | （名） | jǐngdiǎn | 1 | 2 |
| 警告 | （动） | jǐnggào | 10 | 2 |
| 敬佩 | （动） | jìngpèi | 8 | 3 |
| 究竟 | （副） | jiūjìng | 10 | 2 |
| 俱乐部 | | jùlèbù | 13 | 2 |
| 卷子 | （名） | juànzi | 7 | 3 |
| 军事 | （名） | jūnshì | 16 | 2 |
| | | **K** | | |
| 刻印 | | kèyìn | 1 | |
| 客户 | （名） | kèhù | 12 | 2 |
| 酷 | （形） | kù | 14 | 2 |
| 狂欢 | （动） | kuánghuān | 15 | 3 |
| | | **L** | | |
| 类似 | （动） | lèisì | 15 | 1 |
| 礼仪 | （名） | lǐyí | 1 | 3 |
| 例外 | （名） | lìwài | 11 | 2 |

| | | | | |
|---|---|---|---|---|
| 廉价 | （形） | liánjià | 15 | 3 |
| 灵感 | （名） | línggǎn | 8 | 3 |
| 灵活 | （形） | línghuó | 10 | 2 |
| 陆续 | （副） | lùxù | 15 | 2 |
| | | **M** | | |
| 矛盾 | （名） | máodùn | 13 | 2 |
| 煤 | （名） | méi | 12 | 2 |
| 魅力 | （名） | mèilì | 13 | 3 |
| 迷宫 | （名） | mígōng | 11 | |
| 明显 | （形） | míngxiǎn | 7 | 1 |
| 命名 | （动） | mìngmíng | 2 | 3 |
| 磨 | （动） | mó | 6 | 2 |
| | | **N** | | |
| 闹笑话 | | nào xiàohua | 1 | |
| 能源 | （名） | néngyuán | 15 | 3 |
| | | **O** | | |
| 偶像 | （名） | ǒuxiàng | 4 | 2 |
| | | **P** | | |
| 排行榜 | | páihángbǎng | 4 | 2 |
| 泼 | （动） | pō | 7 | 2 |
| 普遍 | （形） | pǔbiàn | 16 | 1 |
| | | **Q** | | |
| 期待 | （动） | qīdài | 14 | 2 |
| 齐全 | （形） | qíquán | 3 | 2 |
| 奇妙 | （形） | qímiào | 4 | 2 |
| 企业家 | | qǐyèjiā | 2 | |
| 器材 | （名） | qìcái | 12 | 3 |
| 巧的是 | | qiǎodeshì | 9 | |
| 翘 | （动） | qiào | 12 | 3 |

| | | | | |
|---|---|---|---|---|
| 亲戚 | （名） | qīnqi | 3 | 3 |
| 轻易 | （副） | qīngyì | 12 | 2 |
| 晴朗 | （形） | qínglǎng | 7 | 2 |
| 趣味 | （名） | qùwèi | 2 | 3 |
| 权势 | （名） | quánshì | 8 | |
| 券 | （名） | quàn | 4 | 2 |
| 确保 | （动） | quèbǎo | 12 | 1 |
| **R** | | | | |
| 饶了我 | | ráo le wǒ | 3 | |
| 人工智能 | | réngōng zhìnéng | 14 | |
| 认可 | （动） | rènkě | 4、12 | 1 |
| **S** | | | | |
| 骚扰 | （动） | sāorǎo | 15 | 3 |
| 沙滩 | （名） | shātān | 6 | 3 |
| 删掉 | （动） | shāndiào | 5 | |
| 设计 | （动） | shèji | 16 | 1 |
| 身影 | （名） | shēnyǐng | 13 | 3 |
| 神秘 | （形） | shénmì | 12 | 2 |
| 神奇 | （形） | shénqí | 7 | 2 |
| 神仙 | （名） | shénxiān | 1 | 3 |
| 剩余 | （形） | shèngyú | 1 | 3 |
| 石油 | （名） | shíyóu | 15 | 1 |
| 时刻 | （名） | shíkè | 1 | 1 |
| 实行 | （动） | shíxíng | 16 | 1 |
| 实用 | （形） | shíyòng | 16 | 2 |
| 收藏 | （动） | shōucáng | 16 | 2 |
| 舒适 | （形） | shūshì | 8 | 2 |
| 双节棍 | （名） | shuāngjiégùn | 14 | |
| 爽快 | （形） | shuǎngkuài | 14 | 4 |
| 水泥 | （名） | shuǐní | 2 | 2 |

| | | | | |
|---|---|---|---|---|
| 思维 | （名） | sīwéi | 10 | 2 |
| 似乎 | （副） | sìhū | 3 | 2 |
| 搜索 | （动） | sōusuǒ | 4 | 2 |
| 俗气 | （形） | súqì | 9 | |
| 损失 | （名） | sǔnshī | 5 | 2 |
| 缩 | （动） | suō | 14 | 3 |
| 缩短 | （动） | suōduǎn | 2 | 2 |
| | | **T** | | |
| 贪玩 | | tānwán | 6 | 3 |
| 趟 | （量） | tàng | 7 | 2 |
| 陶瓷 | （名） | táocí | 4 | 3 |
| 陶醉 | （动） | táozuì | 13 | 3 |
| 特殊 | （形） | tèshū | 11 | 2 |
| 特有 | （形） | tèyǒu | 16 | 2 |
| 提倡 | （动） | tíchàng | 9 | 2 |
| 体会 | （动） | tǐhuì | 4 | 1 |
| 体验 | （动） | tǐyàn | 4 | 1 |
| 替代品 | | tìdàipǐn | 15 | |
| 天真 | （形） | tiānzhēn | 4 | 2 |
| 调料 | （名） | tiáoliào | 2 | 3 |
| 同情 | （动） | tóngqíng | 13 | 2 |
| 投票 | （动） | tóupiào | 12 | 3 |
| 投入 | （动） | tóurù | 15 | 2 |
| 团结 | （形） | tuánjié | 13 | 1 |
| | | **W** | | |
| 外甥女 | （名） | wàishengnǚ | 9 | |
| 伟大 | （形） | wěidà | 6 | 1 |
| 物理 | （名） | wùlǐ | 5 | |
| 误会 | （名） | wùhuì | 12 | 2 |

## X

| | | | | |
|---|---|---|---|---|
| 吸收 | （动） | xīshōu | 5 | 2 |
| 吸引 | （动） | xīyǐn | 2 | 2 |
| 系统 | （名） | xìtǒng | 3 | 2 |
| 嫌弃 | （动） | xiánqì | 7 | 4 |
| 羡慕 | （动） | xiànmù | 3 | 3 |
| 香料 | （名） | xiāngliào | 4 | 4 |
| 享受 | （动） | xiǎngshòu | 2 | 2 |
| 消失 | （动） | xiāoshī | 3 | 1 |
| 孝顺 | （动） | xiàoshùn | 13 | 4 |
| 泄露 | （动） | xièlòu | 15 | 3 |
| 行程 | （名） | xíngchéng | 4 | 2 |
| 凶 | （形） | xiōng | 3 | 2 |
| 需求 | （名） | xūqiú | 5 | 1 |
| 学问 | （名） | xuéwen | 2 | 2 |
| 血汗钱 | | xuèhànqián | 12 | |

## Y

| | | | | |
|---|---|---|---|---|
| 压 | （动） | yā | 1 | 1 |
| 压岁钱 | | yāsuìqián | 1 | |
| 羊圈 | （名） | yángjuàn | 5 | |
| 妖魔鬼怪 | | yāomóguǐguài | 8 | |
| 疑惑 | （动） | yíhuò | 11 | 3 |
| 疑问 | （名） | yíwèn | 12 | 2 |
| 一般来说 | | yìbānláishuō | 16 | 2 |
| 隐私 | （名） | yǐnsī | 11 | 2 |
| 营业额 | | yíngyè'é | 15 | |
| 拥挤 | （形） | yōngjǐ | 12 | 3 |
| 优惠 | （名） | yōuhuì | 4 | 2 |
| 悠久 | （形） | yōujiǔ | 15 | 3 |

| | | | | |
|---|---|---|---|---|
| 与众不同 | | yǔzhòngbùtóng | 10 | 3 |
| 宇航员 | | yǔhángyuán | 4 | 2 |
| 圆满 | （形） | yuánmǎn | 10 | 2 |
| 远大前程 | | yuǎndàqiánchéng | 9 | |
| 允许 | （动） | yǔnxǔ | 14 | 2 |
| | | **Z** | | |
| 暂时 | （形） | zànshí | 12 | 2 |
| 摘 | （动） | zhāi | 1 | 2 |
| 展示 | （动） | zhǎnshì | 4、5 | 2 |
| 张 | （动） | zhāng | 14 | 1 |
| 涨价 | | zhǎngjià | 8 | 2 |
| 障碍 | （名） | zhàng'ài | 11 | 2 |
| 折磨 | （动） | zhémó | 6 | 3 |
| 争论 | （动） | zhēnglùn | 12 | 2 |
| 正直 | （形） | zhèngzhí | 8 | 3 |
| 政策 | （名） | zhèngcè | 2 | 2 |
| 政治 | （名） | zhèngzhì | 5 | 1 |
| 直接 | （形） | zhíjiē | 11 | 1 |
| 指导 | （动） | zhǐdǎo | 11 | 1 |
| 指南 | （名） | zhǐnán | 15 | 3 |
| 制定 | （动） | zhìdìng | 2 | 1 |
| 中暑 | （动） | zhòngshǔ | 6 | |
| 砖 | （名） | zhuān | 2 | 3 |
| 状况 | （名） | zhuàngkuàng | 5 | 1 |
| 追 | （动） | zhuī | 9 | 1 |
| 追求 | （动） | zhuīqiú | 7 | 2 |
| 咨询 | （动） | zīxún | 12 | 2 |
| 资源 | （名） | zīyuán | 12 | 2 |
| 字帖 | （名） | zìtiè | 5 | |
| 阻止 | （动） | zǔzhǐ | 7、11 | 2 |